塑身健型

塑身健型

丛书主编 赵 彤
主　　编 杨宇净
副主编 金 岚 张 静 刘 慧

電子工業出版社
Publishing House of Electronics Industry
北京 • BEIJING

内 容 简 介

本书通过形体训练、古典舞身韵、芭蕾基础和有氧健身操四大板块的学习与练习，使零起点的学员能够在较短的时间内，在身体素质、仪表体态、气质风度等方面得到全面的提高。本书注重理论与实践相结合，实用性与可操作性相结合，知识性与趣味性相结合，图文并茂，既便于教师的教学，又便于学生的自学练习。本书可作为综合素养教育选修课教材，也可作为女性素养养成自学教材。

图书在版编目（CIP）数据

塑身健型 / 杨宇净主编. —北京：电子工业出版社，2017.3

ISBN 978-7-121-28339-0

Ⅰ. ①塑… Ⅱ. ①杨… Ⅲ. ①形体－健身运动 Ⅳ. ①G831.3

中国版本图书馆 CIP 数据核字（2016）第 053643 号

策划编辑：施玉新

责任编辑：康　霞

印　　刷：涿州市京南印刷厂

装　　订：涿州市京南印刷厂

出版发行：电子工业出版社

北京市海淀区万寿路 173 信箱　邮编　100036

开　　本：787×1 092　1/16　印张：10.25　字数：276 千字

版　　次：2017 年 3 月第 1 版

印　　次：2017 年 3 月第 1 次印刷

定　　价：26.00 元

凡所购买电子工业出版社图书有缺损问题，请向购买书店调换。若书店售缺，请与本社发行部联系，联系及邮购电话：（010）88254888，88258888。

质量投诉请发邮件至 zlts@phei.com.cn，盗版侵权举报请发邮件至 dbqq@phei.com.cn。

本书咨询联系方式：ket@phei.com.cn。

前　言

随着社会文明的进步，女性越来越重视自身形象的美好。特别是在日益激烈的社会竞争面前，娇好的容貌、挺拔的身姿、优雅的气质无疑会给女性在择业、就业、择偶等多方面的竞争中加分。同时随着生活水平的提高，越来越多的人开始注重健康与快乐，因为只有健康的体魄才能够更好地去体会生活中的美好与幸福。于是，健康的体魄、高雅的气质成为很多女性的毕生追求，也成为每一个现代职业女性的人生必修课。

有的人认为塑身就是减肥，其实不然。塑身的概念是打造健康、匀称、灵活、有力的身体。对肥胖者而言是“瘦身”，对瘦弱者而言则是“增肥”。现代社会对女性的审美标准，早已不是林黛玉般的弱不禁风了。凹凸有致、饱满丰实的体型才是美女的标准。同时，除了身材外形等外在的条件之外，更多人开始看重内涵与气质，只有外在的形体美和内在的气质美相结合，才能够称得上是一个真正的美女与淑女。《塑身健型》是“中国淑女”系列素养教材中的一本。本书通过形体训练、古典舞身韵、芭蕾基础和有氧健身操四大板块的学习与练习，使零起点的学员能够在较短的时间内，在身体素质、仪表体态、气质风度等方面得到全面提高。本书注重理论与实践相结合，实用性与可操作性相结合，知识性与趣味性相结合，图文并茂，既便于教师的教学，又便于学生的自学练习。

本书由 4 章组成，分别是形体训练、中国古典舞身韵、芭蕾基础和有氧健身操，是专为青少年女性设计的短期或中期形体培训教材。计划学时为 84 学时，分配如下：第一章 20 学时，第二章 20 学时，第三章 20 学时，第四章 24 学时。每一章既相互独立又与其他章节有联系。每章中由若干节构成，在每小节中，编者增加了“知识窗”和“拓展阅读”部分，向学员们提供与本节内容相关的知识补充，既有对目前最流行的健身方法——“瑜伽”、“普拉提”、“肚皮舞”等的介绍与评价，也有女性关心的“减肥、瘦身、丰胸”等问题的解答与指导，还有著名舞蹈家、舞蹈、舞剧的赏析，使学员在健身塑型的同时，也开拓了眼界，丰富了知识，提高了艺术修养。

本书的可操作性强，每节从单一动作的学习入手，从简单组合训练到复杂组合的练习，强调循序渐进，科学有效。在每节重点训练之后，还有“学法指导”，使学生简明、易懂地进行练习。第一章“形体训练”中主要是对学员的头、颈、肩、胸、腰、腿等肢体进行科学训练，增强肌体的协调性、柔韧性和灵活性。它要求学员在掌握形体训练的正确方法的同时，纠正自己不良的身体姿态，形成挺拔的身姿，塑造健美的体型，同时提高音乐感受力和表现力，提高学生的艺术素养，培养学生高雅的气质。第二章“中国古典舞身韵”旨在通过学习，使学员体会中国古典舞身韵中“形、神、劲、律”的配合，使舞姿更加优美，富有韵味，同时形成中国女性特有的、柔婉雅致的古典美。第三章“芭蕾基础”练习在对学生身体直立挺拔感和高贵气质的培养上有着独特的作用。芭蕾训练强调的是“开、绷、直、立”，讲究动作的规范与身体姿态的保持，培养轻盈舒展的舞姿、挺拔高贵的仪态。芭蕾训练在培养人的思想品德、修养情操、仪表礼节及艺术品位等方面都有不可忽视的作用。第四章“有氧健身操”则是速度与力量的体现。它对有氧健身操的理论知识、基本身体姿态、基本步伐、力量练习等几个方面进行了全新的诠释，本章重点介绍三套具有代表性的有氧健身操，即大众健美操四级、小球操、啦啦操，供学员们练习。相信伴随着动感十足的音乐节奏，大家一定会在汗水中享受运动带来的奔放活力。

本书由南京幼儿高等师范学校舞蹈教研组杨宇净主编，由纪双鼎审稿。其中，由杨宇净老师负责第一章的编写，由金岚老师负责第二章的编写，由张静老师负责第三章的编写，由刘慧老师负责第四章的编写。图片由周念东老师拍摄，图片模特为俞曼丹、姜旭寒、谢丹等。

本书在编写过程中参考并借鉴了国内外许多专家、同行的研究成果和资料，从相关的文献和网站上引用或借鉴了部分图片和研究成果，在此向原作者表示诚挚的谢意。

由于编者学识水平和能力有限，本书难免有不妥之处，恳请各位读者批评指正。

编　者

目　录

第一章　形体训练

学习目标

1．掌握形体训练的方法和原则，增强人体的协调性、柔韧性、灵活性，塑造健美的体型。

2．掌握形体基本动作训练的方法和要求，能够正确、规范地完成动作组合。

3．通过训练，纠正不良的身体姿态，形成挺拔的身姿。

4．提高音乐感受力和表现力，提高学生的艺术素养。

5．陶冶情操，提高学生的审美能力，培养学生高雅的气质和健康的体魄。

内容导读

随着社会文明的进步，女性越来越重视自身形象的美好。娇好的容貌、挺拔的身姿、优雅的气质无疑会给女性在择业、就业、择偶等多方面的竞争中加分。形体训练便是获得这些优势的一个有效途径。本章为零起点的学员提供了正确练习头、颈、肩、胸、腰、腿、足等身体各部分的动作组合和要求，通过这些动作训练可以提高身体的柔韧性、肌腱的力量和动作的协调性，从而塑造一个健美的身姿，也为后面的舞蹈和有氧操的学习打下基础。

第一节　形体训练的基本理论

知识领航

女性对于美的追求从未停止过。从“环肥”到“燕瘦”，女性总是在社会的审美标准中不断地改造着自己。当今社会对人们的素质提出了更高的要求，不仅要求健康，还要求形体美。高雅的气质、健美的形体成为越来越多女性的渴望。让我们通过本节内容的学习来了解一下什么是形体美；如何塑造形体美；形体训练的原则和方法吧。

一、什么是形体美

（一）形体美的概念

形体是指包括人的表情、姿态和体形在内的人的外在形象的总和。形体美在不同时代、不同民族也展现着不同的审美标准。从实质上来看，形体美应是身体健康、比例匀称、曲线优美、姿态高雅的集合，它是由外部形态与内部情感统一的和谐美。

（二）形体美的标准

我国专家经过多年的研究总结出形体美的标准如下：

（1）骨骼发育正常，身体各部分之间比例匀称。

（2）站立时，头、颈、躯干和脚的纵轴在一条垂直线上。

（3）头、躯干、四肢比例及头、颈、胸的连接适度，上、下身比例符合“黄金分割”定律。

（4）体态丰满而无肥胖臃肿感。

（5）双肩对称，稍宽微圆，略显下削，无耸肩或垂肩之感。

（6）脊柱背视成直线，侧视具有正常的生理弯曲度。

（7）乳房丰满而不下垂，侧视有明显的女性线条特征。

（8）腰细、结实而有力，微呈圆柱形；腹部扁平，腰围比臀围约细 1/3。

（9）臀部浑圆，上翘不下垂。

（10）下肢修长，无头重脚轻之感；大腿线条柔和，小腿肚位置较高且不凸出。

（11）脚踝细、足弓高，两腿并拢时正视和侧视均无屈曲感。

（12）肌肉富有弹性，能显示出人体形态的强健协调。

（13）从整体看，无粗笨、虚胖或纤细、重心不稳、比例失调、形态异常的感觉。

二、影响形体美的因素

（一）遗传因素

遗传是子代从亲代那里继承下来的形态和机能上相对稳定的特征。我们都知道，一个人的身高和体型有较大的遗传因素在其中。但后天环境对形体的健康发展起着重要的作用。就拿身高来说，后天的环境条件、体育锻炼、营养因素等对孩子的身高发育也有很重要的影响。

（二）心理因素

心理因素对形体美也有很大影响。一个人的气质是由内而外的表现。俗话说，腹有诗书气自华。如果一个人文化素养差，喜好低俗，游手好闲，那他骨子里的懒散疲惰也会体现在外貌身形上。同样，一个人心理阴暗或者抑郁焦虑，也会从他的形体姿态、容貌表情上反映出来，所以自信开朗也是形体美的一个重要条件。

（三）形体训练

形体训练是人体以科学理论为依据，通过器械、徒手等练习方式来锻炼身体、塑造体型、培养气质、陶冶情操的一个活动。选择一些适合自己实际的训练内容和方法，长期地、循序渐进地、科学地进行形体训练，是塑造完美形体的重要手段。

（四）饮食保健

营养是影响形体美的重要因素，营养的不均衡会出现机体过胖或过瘦的现象。现代的好身材不是强调骨感，而是要求玲珑有致，如果人体没有合理、充分的营养，就不能保证其正常的生长发育，更谈不上健美的体型。因此，一个好的形体必须有科学、合理的营养补充，只有在此基础之上的形体训练才能得到良好的效果。

> 知识窗
>
> **你的体重是不是标准？**
>
> BMI（Body Mass Index），即身体质量指数，是与体内脂肪总量密切相关的指标，主要反映全身性超重和肥胖。对于 18 岁以上的成年人，我们可以用这样的计算来衡量自己的体重指数。
>
> 计算的方法是：BMI=体重（公斤）除以身高（米）的平方。
>
> 世界卫生组织拟定的世界标准是：BMI在 18.5～24.9 时属正常范围；BMI 大于 25 时为超重；BMI 大于 30 时为肥胖。

三、形体训练的功能

（一）能改善神经系统和大脑功能

体育锻炼对于改善脑神经的功能、提高用脑效率的作用是众所周知的。形体训练也使肌体处于一种运动状态。形体训练中与音乐相伴，更加能够愉悦身心。丰富的形体训练动作可以使脑和脊髓及周围神经建立迅速而准确的应答式反应，纠正错误动作，储存精细动作，所以经常参加形体训练，可以加强肌体神经系统的功能和大脑的工作能力，使之更加健康和聪明。

（二）能提高心血管系统的功能

形体训练属于一种有氧运动，经常有氧运动，心脏会为了适应供氧而变大，心室腔变大，以便射出更多的血来，从而增加携氧量。同时，肺也会为提高供氧量而变大，以便吸入更多的氧气，所以心肺供能增强了。

（三）矫正形体

形体训练可以在一定程度上纠正不良的身体形态。比如，颈前倾、高低肩、含胸、内外八字等，使我们的体态更加挺拔，更加自信，充满活力。

四、形体训练的原则

（一）全面性原则

在形体训练中要采用全面训练，全面提高的原则。采用各种手段和方法，使身体各种技能、各个部分都能够全面、和谐地提高。

（二）循序渐进原则

改变身体形态绝不是一朝一夕的事情，训练者应当根据自己的实际情况，制订训练计划，训练中应当由浅入深、由单一到复杂、由轻到重、由慢到快，坚持循序渐进地进行训练，防止肌体出现伤害，是科学训练的重要体现。

（三）持续性原则

形体训练贵在坚持。形体训练往往需要很长一段时间才能验证效果，短期内训练获得的技能和形体的变化在中断训练后就会逐渐消退，坚持训练才能使已经提高的良好变化得到保持。

五、形体训练的内容及方法

形体训练可以通过徒手或利用各种器械，运用专门的动作方式和方法，来改变人的形体。它的内容和方法是多种多样的，但其基本内容离不开基本体态训练、基本形态控制训练和基本素质训练。为了增加形体训练的趣味性，使形体训练取得较好的效果，可采用徒手练习，如姿态操、健美操、搏击操、瑜伽功，以及各种舞蹈练习，也可以采用不同的运动器械进行各种练习，如把杆、绳、圈、球、棒、带、哑铃等器械。

拓展阅读

瑜伽塑身

瑜伽源于古印度文化，是古印度六大哲学派别中的一系，探寻“梵我一如”的道理与方法。现代人所称的瑜伽主要是一系列的修身养心方法，包括调身的体位法、调息的呼吸法、调心的冥想法等，以达至身心合一。

目前在我国流行的瑜伽种类很多，按照功能来说一般有纤体瑜伽、力量瑜伽、减压瑜伽、美容瑜伽、康复瑜伽等，按照场地来分又有高温瑜伽、香熏瑜伽、户外瑜伽、家庭瑜伽、办公室瑜伽等。

现在越来越多的人喜欢练习瑜伽，瑜伽的练习，尤其是高温瑜伽的练习，对于爱美女性向往的减肥、排毒的确有着较显著的效果。但是瑜伽并非人人适合去练，一般来说，身体柔韧性较差的、耐力较差的体质不适合练习瑜伽。练习瑜伽的注意事项也很多：

1. 练习时间：每天练习，可以选择清晨、中午或是晚上，最好饭后2～4小时空腹练习。

2. 练习地点：通风、安静、优美的环境，若有条件，选择室外练习更佳。

3. 服装：宽松、轻便、舒适即可，尽量少带饰物，如项链、耳环、发饰之类的。

4. 呼吸：一般用鼻腔呼吸，动作应与呼吸协调。调息是一种瑜伽修习者不可跳跃的练习方式。调息可以简单解释为通过对呼吸的某种控制使练习者达到某种状态。一般情况下，通过练习调息可以强健、清洁练习者的气脉（在瑜伽者的眼中，人身体存在着许多能量管道，其数量众多不能一概而论）。使身体的呼吸系统更健康，生命更有力量。调息的意义绝不仅仅体现在身体的变化上，实际上它可以镇定练习者的心绪，使练习者更好地进入平稳宁静的状态，是一些冥想类练习法的有力的辅助方式。瑜伽的呼吸特色在于将横隔膜最大幅度地移动，完全将气呼出再吸气，这使得我们将二氧化碳、废物、污浊的空气完全排出肺部，维持肺部的健康。同时横隔膜的上下运动还可以按摩腹脏器官。

5. 饮食：练习完半小时后可进食，尽量吃新鲜、自然的食物。瑜伽把食物分为惰性食物（肉类）、变性食物（辣椒）、悦性食物（果蔬、牛奶）。瑜伽修行者建议多食悦性食物，少食惰性食物，禁食变性食物。

6. 年龄：适宜各种年龄的人群，但动作力度应因人而异。每一种姿势都有一个使人舒展的点，请在练习中关注身体变化并找出这个点。

7. 沐浴：可在练习前沐浴使肌肉更柔软，练习后呼吸恢复正常且出汗已经停止后可沐浴。

8. 意念：将意念放在动作及身体的变化上，感受身体及心灵的变化。身体应该是放松的，心境应该是平和的。

9. 体位练习：一定是以自身舒适度为准，不应过于用力，若身体过于疼痛应停下放松。瑜伽练习的每一步骤都要谨慎从事，不可操之过急，练习过程中逐步增加力度和难度。每一个体位动作都有其特殊性，在能够治疗疾病的基础上对一些疾病却有加重效果，因此一定要先了解自己的身体状况，并了解这一体位动作的适宜人群再进行练习，从而避免或减小瑜伽对身体的伤害。

实战训练

1. 了解什么是形体美？如何塑造形体美？
2. 做好形体训练的身心准备及物质准备。
3. 根据自己的实际情况，有针对性地制订一个形体训练的计划。

第二节　头、颈、肩部训练

知识领航

头、颈、肩部在上身动作的展现中起着非常重要的作用。灵活、协调、健美的头、颈、肩会使整个人的体态散发光彩。本章从头、颈、肩部开始，通过一些肌体结构的介绍，使学员们了解自己的肩关节、颈椎的简单生理特点结构，懂得通过一些科学的训练，使得我们的头、颈、肩部各关节更加灵活，动作更加协调，纠正弓背含胸、端肩缩脖等不良的身体姿态，为形成健美挺拔的身体形态提供条件。

一、头、颈部动作

人体头部与颈部相连，参与头、颈部运动的主要骨骼有 7 块颈椎骨和颈部、颈锁部的肌肉群，它们可以使人完成头颈前低、后仰、外转、绕环等动作。圆滑匀称的颈部是女性美的一个重要标志，头、颈部的形态练习有助于颈部肌肉的弹性和灵活性，并可以有效地预防颈椎病和纠正颈部前伸等不良的身体形态。

（一）头、颈部动作

基本站姿：双脚正步站立，双手叉腰，保持肩部平沉。
1. 前低：将头低下，下颌用力向下，不弯腰。
2. 后仰：将头抬起，向后，下颌用力向上，不挺肚子。
3. 侧屈：头向肩部侧倒，耳朵向肩部靠。
4. 平转：保持下巴与地面平行，头转向肩一侧 90°。
5. 绕环：从头部前低到侧屈，到后仰再到侧屈，经过 360°后还原抬头。

（二）头、颈部训练组合及要求

音乐用 2/4 拍，4 个八拍完成一次练习，节奏不宜过快，可选中速音乐。

1. 准备姿态

小八字步站立，身体正直，双手叉腰，目视前方。

2. 动作分解

[1]1—前低，2—还原，3—后仰，4—还原，5—左侧屈，6—还原，7—右侧屈，8—还原。
[2]同[1]。
[3]1—左平转 90°，2—还原，3—左平转 90°，4—还原，5—右平转 90°，6—还原，7—右平转 90°，8—还原。

[4]1—4 从右到左绕环一周，5—8 从左到右绕环一周。

3. 学法指导

要求在做动作时必须保持身体直立，头、颈部以外的身体部分不要有动作，双肩放平后下沉，不抗肩，不歪肩。动作的幅度要大，动作要到位，但也不可用力过猛，请循序渐进地进行练习。

知识窗

不良颈部的矫正练习

不良颈部的姿态有颈前移和颈侧弯，俗称歪脖。

颈前移表现为直立时，后脑与脚跟不在一条直线上，颈部偏前方。造成这种情况的原因有习惯性低头走路，或有驼背等疾病。除去病理外的原因，要纠正颈前移的不良习惯可以这样做：后背靠墙直立，梗脖，挺胸，目视前方。颈部向墙平靠，当后脑勺靠上墙后站立 2 到 3 分钟为一组，每天练习 20 组。练习时一定不能仰头，尽量将颈平移后靠墙。

颈侧弯表现为自然站立时，颈弯向一侧，这多由颈部两侧肌肉用力不协调导致，也有因为脊柱侧弯后影响到颈肌而形成的。轻微的颈侧弯可以通过这样的方式来纠正：向侧弯的反方向做先梗直后加深反方向侧弯幅度的侧屈动作，连续进行 20 次为一组，视幅度大小每天做 10～20 组。

二、肩部基本动作

肩部运动就是肩关节的运动。肩关节由肱骨头与肩胛骨的关节盂构成，是典型的球窝关节，连接它的约有三条韧带和肌腱。肩关节的活动以胸锁关节为支点，以锁骨为杠杆，因此肩关节的活动范围又可因“肩胸关节”的活动而增加。肩关节的活动范围在正常情况下为前臂上举 180°、内收 45°、外展 90°、外旋 60°、前屈 90°、后伸 45°、内旋 90°。

（一）肩部基本动作

基本站姿：双脚正步开立，双手自然下垂，保持肩部平沉。

（1）内收：双肩向胸口内收，夹紧。

（2）外展：双肩尽量向后脊椎方向夹紧。

（3）旋内：肩下沉，经后、上、前绕至还原。

（4）旋外：肩下沉，经前、上、后绕至还原。

（5）环转：肩下沉，经前、上、后、下完整地做环形绕动。

（6）耸肩：肩部向上抬起至最高点，然后松劲下落。

（二）肩部训练方法

1. 扶把压肩

做法：两脚分开直立于把杆前，两臂伸直，上举，比肩略宽。弯腰将小臂放在把杆上，手可握拳，肩部向前、向下推压。（见图 1-1）

要求：下压时上、下身呈 90°，重心不要前倾，膝盖不能弯曲，尽量挺着胸。

2．双人压肩

做法：一人俯卧在地面，双手在头后交叉抱臂，另一个人双手拉住对方的双臂肘关节，往后拉起。（见图 1-2）

要求：拉肩时上身与地面垂直，不憋气。

3．拉肩

做法：小八字站，双手胸前十指交叉，手心对外，尽量向上向后拉肩。也可双手在身后交叉，向上抬起。（见图 1-3）

要求：保持身体的正直，重心要稳，不能前移，向上不耸肩，向后不塌腰。

图 1-1

图 1-2

图 1-3

（三）肩部训练组合

音乐选择 2/4 或 4/4 拍，柔美、舒缓。

1．准备姿态

直立，双手自然下垂，目视前方。

2．动作分解

[1]1—2 两臂下垂，肩内收，3—4 还原，5—6 肩外展，7—8 还原。
[2]同[1]。
[3]1—8 向内环转一圈。
[4]1—8 向外环转一圈。
两脚分立，与肩同宽。
[5]1—2 双肩上耸，3—4 下落，5—6 上耸，7—8 下落。
[6]1—8 两肩交替上提，二拍一次交换。
[7—8]同[5—6]动作。
[9]1—2 左腿向前迈一步，右脚后踏步，重心在左腿上。同时两臂由下经前向后绕臂。（见图 1-4）

3—4 右腿向前并于左腿，提踵，同时两臂由后向下绕至手叉腰。（见图 1-5）

5—6 向前绕肩。（见图 1-6）

7—8 向后绕肩，同时落踵，直膝。（见图 1-7）

图 1-4

图 1-5

图 1-6

图 1-7

[10]1—2 左腿前点地，同时两臂经前向后绕至后上举。（见图 1-8）

3—4 右腿向前并于左腿，同时两臂向前绕下并叉腰。（见图 1-9）

5—6 左腿前迈一步成弓步，上身前倾，同时向前绕肩一次。（见图 1-10）

7—8 上身直立，同时向后绕肩一次。（见图 1-11）

图 1-8

图 1-9

图 1-10

图 1-11

[11]1—2 右腿并于左腿，双手叉腰。

3—4 左腿向前虚点地，含胸，两臂体前交叉，上身向右微侧。（见图 1-12）

5—8 舒展直立上身，两臂打开成左臂侧上举、右臂侧平举，头看向左臂方向。（见图 1-13）

图 1-12

图 1-13

3. 学法指导

在完成肩组合动作时，动作幅度要大，尽量做到肩关节活动的极限。但不要憋气，不要有扛肩、塌腰、撅臀等动作出现。请保持身体姿态的直立向上，面带微笑，随着柔美的音乐节奏来完成，使得身心舒展愉悦。

知识窗

肩部保健

肩的健康与生活习惯有着密切的关系，尤其是女性，一些平时的小习惯有可能导致许多肩部疾病的发生，如夏季开着空调，露肩睡觉；单肩背的手提包过重；习惯背单肩包；长时间保持颈、肩的同一姿势等。这些都容易使颈、肩、背的部分肌肉过度痉挛，从而诱发颈、肩部酸痛，甚至肩周炎。改变这些小习惯，可以让我们拥有更健美的颈、肩。

拓展阅读

蒙古舞中的动肩

如果说哪个民族舞蹈中肩部的动作最丰富，那首当其冲的就是蒙古舞了。蒙古族又称马背上的民族，由于马上颠簸起伏的长期运动，使得蒙古族人民的上身特别松弛，因而蒙古族舞蹈肩部的动作也非常灵活、丰富。蒙古舞中常用的肩的动作也可以用来训练我们肩部的灵活性和协调性。

1. 硬肩

做法：双手叉腰，右肩向前的同时左肩向后，交替进行。

要求：硬肩时要有顿挫感，动作要硬，有棱角的感觉。

2. 耸肩

做法：肩向上抬，然后放下。可单肩、双肩或者交替肩去做。

要求：重拍向上，耸肩时有韧性。

3. 笑肩

做法：双肩先向上提，快速落下，起落较快。

要求：双肩上、下时要有弹性，不僵硬。

4. 绕肩

做法：双肩由前经上向后绕行一圈，也可反过来做。可双肩同时绕，也可交替绕。

要求：动作需流畅，幅度也随舞蹈者的情绪大或小。

5. 碎抖肩

做法：肩部放松后，肩胛处发力，两肩前、后快速、均匀地抖动，幅度小而碎。

要求：肩部要下沉，不能故意去晃动腰部。

实战训练

1. 正确掌握头、颈、肩的训练方法，能规范地完成基本动作。

2. 能跟随音乐规范地完成训练组合。

3. 针对自己的情况进行练习，矫正不良的头、颈、肩的姿态。

4. 有兴趣的学员可以根据学习蒙古舞的基本动肩动作，来使自己的肩部更加灵活和有表现力。

第三节 胸、腰训练

知识领航

胸、腰部是最能体现女性美的身体部分，也是构成女性躯干形态美的关键所在，因此它们的训练对于女性形体美来说尤为关键。本节通过科学的胸、腰部的训练方法，增加胸部肌肉的力量，在扩展胸肌、健美胸部的同时，形成昂首挺胸的姿态。通过一系列腰部的训练，增强腰部的活动半径，提升腰肌的力量和柔韧性，把作为身体中轴部分的腰部训练得更加灵活而有力。

一、胸部动作

胸部是女性躯干曲线美的重要标志之一，它由12对肋骨、一块胸骨和12块胸椎骨组成，参与运动的肌肉主要有胸大肌、肋间肌等。女性丰满的乳房如果没有胸部肌肉的牵拉，就会下垂而失去美感，因此锻炼胸部肌肉的力量，也是女性获得紧实饱满胸部的一个重要手段。

（一）胸部基本动作

1. 含胸

两脚开立，两手叉腰，缓缓吸气时使胸椎后凸，使后背隆起，含胸时头和肘的动作要随动，不能主动。

2. 展胸

缓缓呼气，把胸椎前推，使胸前挺起。注意练习时的发力点，不要用在肩和肘上，而是在胸椎上，呼吸要均匀，动作缓而深。

（二）胸部训练方法

1. 把杆压肩胸

做法：跪坐于把杆前，两臂伸直，与肩同宽，小臂放于把杆上，肩胸部向前、向下做推压动作。

要求：幅度和力度要大，可以借助外力辅助下压（两人一组，一人压，另一人按压）。

2．把杆压胸腰

做法：两人一组，一人背对把杆，站在把杆内，胸腰以上放置在把杆上，另一人抓住对方大臂下压。

要求：压胸腰时，应尽量伸直手臂，上身放松不憋气。

3．哑铃练习（1）

做法：仰卧，两手握住哑铃，两臂由前举向两侧打开放平，拳心向上。

要求：哑铃重量因人而异，两臂前举和侧平举的动作要到位。

4．哑铃练习（2）

做法：两脚开立，体前屈。两手持哑铃向下，拳心相对。然后两臂打开至侧平位后再回到向下位置。

要求：两臂打开时，手臂尽量伸直，上身不要上下起伏，动作要稳，不要利用惯性的力量。

二、腰部动作练习

腰部是人体的中轴部分，它是支撑人体转动的重要关节。由于它的运动方式多样，因此它的表现力也是极其丰富的。细腰、扁腹是女性形体美的一个重要标志，而此处又是女性极易脂肪堆积的部位之一，粗腰凸腹不仅影响美观，还会带来一些疾病，影响生活质量。腰部的训练可以减少腰腹部的脂肪堆积，使腰部更加健美。

（一）腰部基本动作

1．弯腰

可向前、旁方位做。向前弯腰时不要撅臀，向旁弯腰时不要顶胯。

2．涮腰

在胸腰或与地面水平的位置上做腰的前、旁、后、旁的平圆训练。

3．拧腰

以腰为轴，上身向后拧，幅度可大可小，多带舞姿。

（二）腰部训练方法

1．前腰练习

做法：在小八字位上，上身最大限度地向前下腰，形成前腰直膝抱腿，拉长腿部后韧带。（见图 1-14）

要求：可单手扶把做也可在中间完成。

2. 旁腰练习

做法：小八字位，双手芭蕾三位手，上身向旁延伸至最远处。（见图 1-15）

要求：注意立腰提胯，动作时切忌向旁歪胯和耸肩。

3. 后腰练习

（1）跪下后腰

做法：屈膝跪坐在地上，双膝微开，双手置于头顶上，向后下腰，当手碰到地后可抓脚腕或扶地，使身体形成一个圆弧形。（见图 1-16）

要求：下腰时肩、背、腰要最大限度地向外伸拉，下腰时尽量做到挑胸挑腰，弧度大为好。

图 1-14

图 1-15

图 1-16

（2）立下后腰

做法：大八字步准备，直立，两臂伸直向上。依次以头、肩、胸、腰、胯的过程下后腰，至双手扶地，形成小拱桥形，再移重心至腿上，顶腰挑胸直起。（见图 1-17）

要求：立下后腰时要主动挑胸、挑腰，此动作难度较大，初练者可两人一组，一人搀扶，另一人练习。

4. 腰背肌练习

做法：俯卧，两臂、头、肩和胸及两腿同时离地向上抬起，使身体两头翘起，空中停顿几秒后还原。（见图 1-18）

要求：腰背部肌肉要收紧，两膝要直，落地要轻。

5. 腰腹肌练习

做法：屈膝仰卧，双手抱头后，用腰腹部力量顶起坐直后，向旁拧腰 90°。两侧交替进行。（见图 1-19）

要求：立腰转体，转体要充分。

图 1-17

图 1-18

图 1-19

知识窗

哪些习惯容易导致腰腹部脂肪堆积？

女性的脂肪特别容易堆积在腿臀部，腰腹部，上臂后内侧等部位。一旦脂肪增多增厚，要想减去可不是一件轻而易举的事儿，所以明智的做法是平时养成良好的习惯，防止过早的脂肪堆积。

那么哪些不良习惯会使我们出现“水桶腰”、“救生圈肚”呢？第一是久坐不动。如果你从事的是那种需要久坐的工作，那么你一定要提高警惕，久坐不动不但会让你全身血脉不畅、头晕倦怠，还会很快让你的小蛮腰长上肉肉。第二是过度饮酒。饮酒会让你额外摄入几百卡路里的热量，如果长期大量饮酒，极易出现“啤酒肚”。第三是不良的饮食习惯，如偏食、挑食、过量摄入零食、习惯宵夜等。第四是缺少持续性的有氧运动。很多人没有持续性的运动计划，偶尔在家里做个仰卧起坐，或者转个呼啦圈，根本不能消除肚子上多余的脂肪。

那么我们应该怎么做呢？首先为自己制订一个有氧运动的计划，每天保证至少一小时的运动，戒烟戒酒，保证作息正常，三餐正常饮食，少吃零食，因为零食大多高热量，高油脂。最后建议每个月测量一次腰围，这样可以时刻提醒爱美的女性，健康生活才能有健美身材。

三、腰组合训练

（一）胸腰训练组合

音乐 3/4

预备姿态：直立站姿

[1]（1—3）：含胸，低头，屈膝，同时两臂自体侧提起，向前平伸出去。（见图 1-20）

（2—3）：挺胸，头摆正，两臂由体前上提至头顶，提踵。（见图 1-21）

（3—3）（4—3）：抬头，向后下胸腰，同时两手向内翻掌并向两侧打开，落脚。（见图 1-22）

（5—3）～（8—3）重复（1—3）～（4—3）。

[2]（1—3）：提踵，两臂上举。（见图 1-23）

图 1-20

图 1-21

图 1-22

图 1-23

（2—3）：左腿向 8 点方向迈一步成大踏步，同时挺胸、两臂落下成左臂斜上举，右臂侧平举姿态，掌心向上。（见图 1-24）

（3—3）：上身向左拧腰至面对 5 点方向，同时右臂向前上方、左臂向后下方举。（见图 1-25）

（4—3）：上身转回 1 点，同时左臂向左前下方做手臂波浪一次，上身向左前倾。（见图 1-26）

（5—3）：右臂向右前下方做手臂波浪，上身右前倾。（见图 1-27）

图 1-24

图 1-25

图 1-26

图 1-27

（6—3）：挺胸抬头，双手指尖带动手臂，尽量向两侧打开。（见图 1-28）

（7—3）：含胸低头，上身前伸，同时两臂夹于耳旁，手臂伸直，手臂相对。（见图 1-29）

（8—3）：收回左腿，提踵，立腰，挺胸，双手经提至头顶后打开至身侧。（见图 1-30）

[3]做与[2]相反方向的同样动作。

[4]（1—3）～（8—3）：落脚成小八字站姿，两脚之间打开，与肩同宽。双臂随身体自左向右涮腰，在体旁环动一圈。

[5]（1—3）～（8—3）：双臂随身体自右向左涮腰，在体旁环动一圈。

[6]（1—3）：左脚向 8 点方向迈一小步，右脚跟上，半脚尖立，双手提至胸前，左手高，右手低，掌心对自己。（见图 1-31）

（2—3）：右脚向前迈一大步成踏步，上身直立，双手提至头顶。（见图 1-32）

（3—3）（4—3）：双手在经头顶后打开至体旁，掌心朝上，下胸腰。（见图 1-33）

（5—3）：上身向左绕至左旁腰，双手头顶三位。

图 1-28

图 1-29

图 1-30

图 1-31

（6—3）：继续绕至前腰位置。

（7—3）：再绕至右旁腰，手臂跟随过去。

（8—3）：左腿并于右腿，经屈膝后直立，挺胸，抬头，两臂向肩两侧上举。（见图 1-34）

图 1-32

图 1-33

图 1-34

学法指导

1．在完成组合前一定要充分热身，尤其是腰部要活动开。
2．动作不能随意，一定要做满音乐，注意身体、呼吸的配合。
3．难度较大的动作可以依据个人的能力去完成，只要做到自己的极限就好。

知识窗

减腹减腰的肚皮舞

肚皮舞源自埃及，后在印度、土耳其、美国等地迅速流行发展起来，并增加了不少当地的文化元素。肚皮舞是非常能够展现女性魅力的舞蹈，它的特色是，随着快速激烈、动感十足的节奏，摆动腹部、胯部，并使劲地舞动臂部、胸部。肚皮舞的主要表现力在腹部肌肉丰富的动作，有翻滚、拍打、抖动、画圆等。它时而优雅，时而感性，时而妩媚，时而神秘，令人目不暇接。现在肚皮舞也成为减肥女性的一个很好选择。它最明显的减肥效果莫过于减去腹部的赘肉，而且在欢快的音乐声中热情地舞蹈还有助于缓解工作和生活的压力，使得女性的身心更加健康，更加自信开朗。

（二）把上腰组合

音乐 2/4 4/4

准备：单手扶把，面对 1 点方向，手臂经身后提至山膀位。

[1]1—2 呼吸一次，向把杆外迈出一步，脱把，双山膀位。（见图 1-35）

3—8 慢慢下前腰，双手抱小腿，上身尽量贴紧腿部。（见图 1-36）

[2] 1—4 耗前腰，5—8 起身双手至头顶托掌位。（见图 1-37）

[3]1—8 慢慢地向后下中腰，下腰时注意臂、头、颈、胸、腰的顺序，要挑胸。（见图 1-38）

图 1-35

图 1-36

图 1-37

图 1-38

[4]1—4 耗中腰，5—7 起身双手至头顶拖掌位，8 单手扶把，另一手单山膀位。（见图 1-39）

[5]1—4 虚点步，下前腰，手臂顺抚腿两次。（见图 1-40）

5—8 手指尖带动向上直立起身，手托掌。（见图 1-41）

图 1-39

图 1-40

图 1-41

[6]1—6 向后下后腰，耗腰，7—8 时起身还原。（见图 1-42）

[7]1—4 吸前腿，手臂由山膀成按掌于胸前。（见图 1-43）

5—8 提踵，下胸腰，头向外侧。（见图 1-44）

图 1-42

图 1-43

图 1-44

[8] 1—4 耗胸腰，5—8 还原至准备位置后转身至 5 点方向。

[9]—[16]做反方向的动作一遍。

学法指导

1．在完成组合动作的同时，要注意姿态的舒展和优美。

2．音乐较柔缓，请感受连绵不断的韵律，力量向四肢末端延伸出去。

3．动作完成的质量和腰的基本功有着很大关系，建议在腰部的软度上要多下功夫。

拓展阅读

女性健胸法

拥有一个傲挺的美胸是每一位爱美女性的愿望。我们没有办法通过物理手段去改变女性乳房脂肪的多少，但是可以通过科学的饮食和运动来塑造乳房及胸部肌肉的形状，使之形成结实玲珑的曲线。

1．哑铃运动

哑铃是一种常见的辅助运动器械，它体积小，使用方便，常用哑铃辅助训练，可令胸部肌肉结实，持之以恒能达到满意的效果。

（1）结实胸腹运动。颈和腰同时保持挺直，把双手伸直后集中力量在腹部，一边呼气一边将手向两旁伸张。

（2）强化胸部运动。上半身向前，一只手握哑铃，另一只手按于膝盖上以支撑身体；把哑铃举到胸前，然后垂下，左、右手轮流做 10 次。

（3）胸前推举。以手臂的三头肌发力，初学时应选择适合自己重量的哑铃，并注意背部肌肉要锁紧。

注意事项：使用哑铃时要注意双手的开合动作要慢，不能拉得太开，伸张至 180° 便可，否则容易拉伤胸肌。

2．游泳

通过水压能对胸部起按摩作用，对胸部发育有一定帮助。

3．均衡的营养

适当的脂肪也是女性胸型饱满的必要条件。不少女性为了追求“骨感美”一味地节食、素食，身体缺乏营养，肌肉和骨骼发育不好也会影响胸型的美感。

实战训练

1．学会正确的胸、腰的基本动作及训练方法。

2．继续巩固组合，能较规范地完成基本动作，动作到位，舞姿优美。

3．根据自己的实际情况选择性地进行练习，矫正扣胸、驼背、塌腰等不良的身体姿态。

4．培养坚持科学健身的良好习惯。

第四节　腿部训练

知识领航

人的双腿是身体的支柱，腿部健康和健美对于一个人整体形体的塑造是非常重要的。腿部由大腿、膝关节、小腿、踝关节和足组成。它由髋关节与上身相连。女性腿部的练习重点一般放在柔韧性、软开度、腿部肌肉线条的纤细流畅上。腿部的训练可以使腿部各关节更加灵活，快速反应能力增强，肌肉紧实而有弹性，腿部活动能力增加，为后面的舞蹈学习和健身操学习提供身体条件。尽管成年人一般的腿部训练无法使得腿骨增长，但是可以使腿部的肌肉线条更加好看，同时能起到有效调节腿部关节的功能。

一、腿部基本动作

腿部能力是一个舞者的最重要的舞蹈能力之一，因为在舞蹈中踢、跳、转、翻及各种舞蹈的舞步、舞姿的表现都离不开腿。尤其是在舞蹈基本功的展示上，女性的腰、腿的软开度也是极其重要的一项。由于目标不同，在一般的形体训练腿的柔韧性中，我们多采用静力拉伸的方式来提高腿部韧带的柔韧性和开度，这样既可以有效地给肌肉塑型，又可以减小运动带来的损伤。腿部的软开度本身会因人而异，有紧有松，只要在自己的能力范围内尽力去完成动作，持之以恒，一定会取得良好的效果。

（一）基本动作

1．屈伸

膝关节作用下的腿部弯曲和伸直，常见的有“蹲”、“跑”、“跳”等动作。

2．踢腿

脚尖发力将整条腿腾空向前、旁、后等方位。

3．劈叉

分为竖叉和横叉，即双腿一前一后或向旁展开至一条直线，胯关节放正紧贴地面。

4．片腿

以胯部为圆心，以脚尖带动腿在身前画出立圆的过程。

5．控腿

腿部在某一个位置上保持姿态不变。

（二）腿部训练方法

1．压脚背

做法：扶把站立，上身前倚靠在把杆上。双脚将脚背置于地面，通过膝部的屈伸达到向脚背施力的效果。

要求：双脚并拢，动作缓而有韧性。不要只压脚趾尖，脚背要放下去。

2．勾绷脚

（1）勾脚

做法：身体坐直，两腿伸直、绷脚并拢，两手撑在身体两侧。脚趾、脚背依次勾起，脚后跟用力向前伸。（见图 1-45）

（2）绷脚

做法：姿态同勾脚，在勾脚的基础上，脚背、脚趾依次向地面伸平。（见图 1-46）

要求：勾绷脚时腿部肌肉夹紧，膝盖不能抬起或弯曲，后背立直。

图 1-45

图 1-46

3．地面压腿

（1）前腿

做法：基本坐姿，绷脚坐于地面，双手领着上身往前抱腿。（见图 1-47）

要求：膝盖要直，腿要紧贴地面。后背拉长，感觉小腹、肋骨和胸部去贴腿。

（2）旁腿

做法：基本坐姿，一腿向旁打开至耳侧，另一腿弯曲收于身前。单手领着旁腰往旁下压，手臂从头后面去抓脚腕。（见图 1-48）

要求：胯、肩、脚背在一条直线上，下旁腰时上身微仰看上方，后背、旁腰要尽量拉长。

（3）后腿

做法：前腿弯曲，后腿后伸。肩胯部面对一个方向，双手在身体两侧扶地，向后下压，感觉后背要去贴腿。（见图 1-49）

要求：后跨根尽量贴紧地面，下压时上身不要歪。

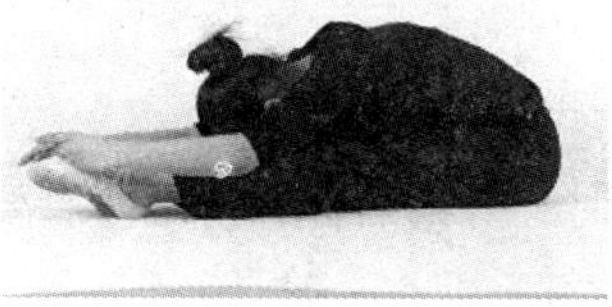

图 1-47

图 1-48

图 1-49

4．把杆压腿（以右腿为例）

（1）前腿：

做法：面对把杆 2 点方向，小八字站立。右腿脚腕处置于把杆上，脚背绷直，胯根向外转开。两腿直膝，肩、胯正对脚尖方向，右手单托手，上身拉长后向前压。（见图 1-50）

要求：下压时上身后背要直，不含胸，双腿膝盖挺直，不能弯，脚背不能松。

（2）旁腿

做法：右腿对 2 点方向绷脚置于把杆上，上身转向 8 点方向，左脚脚尖对 6 点，胯根打开。两腿膝盖伸直，左手单托手，上身拉长向旁压。（见图 1-51）

要求：下压时上身微转上仰，感觉后脑勺去找脚背。左腿不能关胯。

（3）后腿

做法：小八字站。上身面对 3、4 点之间，后腿向后置于把杆上。右腿要外开，肩、胯同向。两腿膝盖伸直，右手单托手带着上身向后压。（见图 1-52）

要求：下压时感觉后背去靠腿，不能只仰头。

注意：初学者，可保持上身直立，做单腿蹲压后腿的动作，以降低难度。

图 1-50

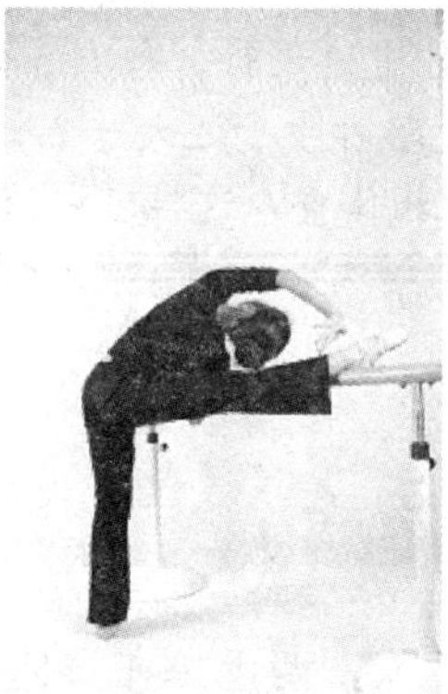

图 1-51

图 1-52

5．地面踢腿

（1）前腿

做法：仰卧准备，主力腿绷脚不动，动力腿直膝、绷脚迅速向上踢起，然后落地缓而轻。

要求：胯根放松，上踢时两腿直膝，脚尖发力，快起慢落。

（2）旁腿

做法：侧卧准备，主力腿绷脚不动，动力腿外开，直膝绷脚迅速向旁踢起，落地时缓而轻。

要求：踢腿时不低头，不撅臀。动力腿的脚背一定要外开，不能关胯。

（3）后腿

做法：双腿跪地准备，动力腿直膝后迅速向后上方踢起，落地后脚尖点地。

要求：动力腿要开胯，用腰和脚尖的力量领着上踢。后踢时上身向后仰。落地时脚要有控制，要轻。

学法指导

腿部的软开度是比较难练的。专业演员们一般在 13 岁之前就要解决软开度的问题了。因此对于超龄的我们，在练习中更加要注意循序渐进和科学方法。过度的练习不但使肌肉、韧带容易疲劳，更有可能带来伤害。

知识窗

什么样的腿型为美？

一般认为，下肢修长，大腿线条柔和，小腿长且肌肉位置较高并稍突出；足弓高，双腿并拢时正视和侧视均无屈曲感的腿型为美。

一般来说，女性需要修正的腿型为腿太粗。腿太粗表现为大腿和小腿的腿围对全身的比例过大。现代女性由于工作或休息时长时间坐着，出门开车，腿部运动大大减少，导致腿部肌肉脂肪过多。想使过粗的腿变细，并且呈现修长的肌肉线条，是要靠长时间的、以慢肌群参与工作的耐力性运动来达到的。以下一些方法可以一试。

（1）慢跑：每天坚持跑 4000～5000 米。

（2）仰躺骑车：仰躺双腿弯曲抬起 45 度。双腿交替向前、向上伸出，收回（模仿骑自行车），动作幅度尽量大，动作中速进行。每次 5 分钟左右为一组。

（3）大步走和上楼梯：平时走路时步子迈大一点，对于腿部肌肉的锻炼也是全方位的；上楼梯时抬起脚跟，以腿部承担体重，这样可以消除大腿内侧和臀部的赘肉。

二、腿部练习组合

（一）地面组合

音乐 2/4　4/4

准备：基本坐姿，上身与地面垂直，两手撑在身体两侧，指尖轻触地面，双腿并拢绷脚伸直。

[1]1—2 勾脚趾，3—4 勾脚背，5—6 放脚背，7—8 绷脚趾。

[2]同[1]。

[3]1—2 勾脚，3—4 两脚向两侧打开成脚跟相对。

5—6 外开绷脚背，小脚趾尽量贴地面。

7—8 再做回绷脚。

[4]同[3]。第 8 拍躺下，双手枕于头后。

[5]1—2 左腿屈膝前吸腿。（见图 1-53）

3—4 小腿向上伸直成前举腿。（见图 1-54）

图 1-53

图 1-54

5—6 屈膝收回成脚尖点膝旁。

7—8 脚趾尖划地向前伸直腿，还原。

[6]重复[5]一遍。

[7]1—2 右腿屈膝前吸腿，3—4 小腿向上伸直成前举腿，5—6 屈膝收回成脚尖点膝，7—8 脚趾尖划地向前伸直腿，还原。

[8]重复[7]一遍。

[9]1—2 左腿外开，左脚趾紧贴地面，顺着右小腿向上划成侧吸腿。（见图 1-55）

3—4 小腿向侧伸直成侧举腿，与右腿成 90 度。（见图 1-56）

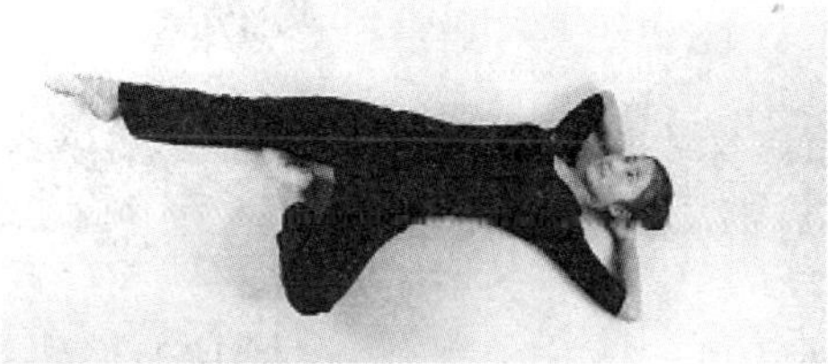

图 1-55

图 1-56

5—6 屈膝收回成侧吸腿。

7—8 脚趾尖贴地顺着右小腿向前伸直腿，还原。

[10]重复[9]一遍。

[11]1—2 右腿外开，右脚趾紧贴地面，顺着左小腿向上划成侧吸腿。

3—4 小腿向侧伸直成侧举腿，与左腿成 90 度。

5—6 屈膝收回成侧吸腿。

7—8 脚趾尖贴地顺着左小腿向前伸直腿，还原。

[12]重复[11]一遍。

[13]1—2 两腿收成前吸腿。（见图 1-57）

3—4 直膝，双腿与地面垂直。（见图 1-58）

5—6 两腿向两侧打开，绷脚，髋关节充分打开。（见图 1-59）

7—8 两腿向下划拢还原。

图 1-57

图 1-58

图 1-59

[14]重复[13]。

[15]1—2 翻身俯卧，两臂屈肘扶地，两腿并拢绷脚。（见图 1-60）

3—4 两腿屈膝，脚跟尽量去碰臀部。（见图 1-61）

5—6 保持姿势。

7—8 手掌撑地，上身往后仰，成两头翘的姿势。（见图 1-62）

图 1-60

图 1-61

图 1-62

学法指导

1．本组合适合初学者练习，难度较小，且不易受伤。

2．练习时注意绷脚背，将腿部肌肉线条拉长。

3．腿部起与落的动作都要有控制。抬起时要感觉腿很重，抬不起来，落地时又要感觉地面有撑力，腿落不下去，这样可以很好地练习腿部的控制能力。

4．身体的姿态要保持正直，不要拧身、歪头或者松懈。

（二）扶把大踢腿组合

音乐 2/4

准备：左手扶把，右手叉腰，正步位站立。

准备拍：右手至单山膀位。

[1]1—2 左腿直膝，右腿绷脚直膝向前经过擦地踢起 90 度。

3—4 右腿绷脚前点地。

5—8 右脚经擦地成后点位。

[2—4]同[1]。第 8 拍时右手由山膀经托掌至按掌，按捂胸前。

[5]1—2 左腿直膝，右腿绷脚直膝向旁经过擦地踢起 90 度。

3—4 右腿绷脚前点地。

5—8 右脚经擦地成旁点位。

[6—8]同[5]。第 8 拍右手下划经体侧至山膀位。

[9] 1—2 左腿直膝，右腿绷脚直膝向后经过擦地踢起 90 度。

3—4 右腿绷脚后点地。

5—8 右脚经擦地成前点位。

[10—12]重复[9]第 8 拍立半脚尖，转身 180 度，换腿踢。

学法指导

1．踢腿时注意上身保持直立挺拔的姿态，不要含胸，低头。

2．踢腿的高度可以因人而异，但务必注意发力点的位置。

3．踢腿时注意身体重心的保持，不能跟着动力腿走。

（三）中间腿部控制组合

音乐 3/4

准备：小八字直立站姿，双手自然下垂于身体两侧。

[1]（1—3）（2—3）：左腿向左侧一步，右脚尖点地，同时两臂经身侧上举至三位手。（见图 1-63）

（3—3）（4—3）：经过半蹲，重心移至两腿之间，同时两臂经身侧至体前交叉。（见图 1-64）

（5—3）（6—3）：重心继续向右移动，成左脚点地，两臂由交叉打开至头顶。（见图 1-65）

（7—3）（8—3）：左腿并向右腿，双腿直膝半脚尖立，两臂侧平举。（见图 1-66）

图 1-63

图 1-64

图 1-65

图 1-66

[2]做与[1]相反的动作一遍。

[3]（1—3）（2—3）：左腿直立，右腿体后点地，两臂上举成三位。（见图 1-67）

（3—3）（4—3）：经过蹲，重心后移，两腿屈膝，两臂下压至二位。（见图 1-68）

（5—3）（6—3）：左腿抬高 30 度，做勾、绷脚一次。（见图 1-69）

（7—3）（8—3）：左腿点地，两臂打开至七位。（见图 1-70）

图 1-67

图 1-68

图 1-69

图 1-70

[4]做与[3]相反的动作一遍。

[5]（1—3）（2—3）：左腿直立，右腿经擦地向前点地，双手上举至三位。

（3—3）（4—3）：右腿绷脚直膝向上抬，离地 45 度控制前腿。（见图 1-71）

（5—3）（6—3）：右腿慢落，成前点地。

（7—3）（8—3）：右腿直膝收腿成小八字位，两臂打开至七位。

[6]（1—3）（2—3）：左腿直立，右腿经擦地向后点地，左臂侧举，右臂前举，手心朝下。（见图 1-72）

（3—3）（4—3）：右腿绷脚直膝向上抬，离地 45 度控制后腿。（见图 1-73）

图 1-71

图 1-72

图 1-73

（5—3）（6—3）：右腿慢落，成后点地。

（7—3）（8—3）：右腿直膝收腿成小八字位，两臂打开至七位。

[7]换腿重复[5]的动作。

[8]换腿重复[6]的动作。

[9]（1—3）（2—3）：左腿屈膝，右腿体前点地，两臂成二位。

（3—3）（4—3）：经过蹲，重心前移，两膝直，两臂提至三位。

（5—3）（6—3）：左腿吸于右膝旁，两臂打开成七位。（见图 1-74）

（7—3）（8—3）：右腿屈膝，左腿后伸点地，成弓步，右手侧举，左手前上方举。（见图 1-75）

图 1-74

图 1-75

学法指导

1．腿部控制组合的难度是比较大的，学员可有选择的学习。

2．在控制之前应该解决重心稳定的问题，这样才不会在控制时身体晃动。

3．注意姿态的优美，腿部软开度较弱的学员可以降低高度，不要为了达到一定的高度而使上身舞姿变形。

4．单一动作先练，再练习组合动作，会较容易完成本组合。

（四）小跳组合

音乐 2/4

准备：直立，脚跟靠拢站小八字位，两腿夹紧，双手叉腰。

[1]1 两腿屈膝下蹲、向上跳起，两腿空中直膝，绷脚。（见图 1-76）

2 脚尖着地，过渡至全脚，屈膝缓冲。（见图 1-77）

3—4 拍缓缓直膝。

5—8 同 1—4 动作。

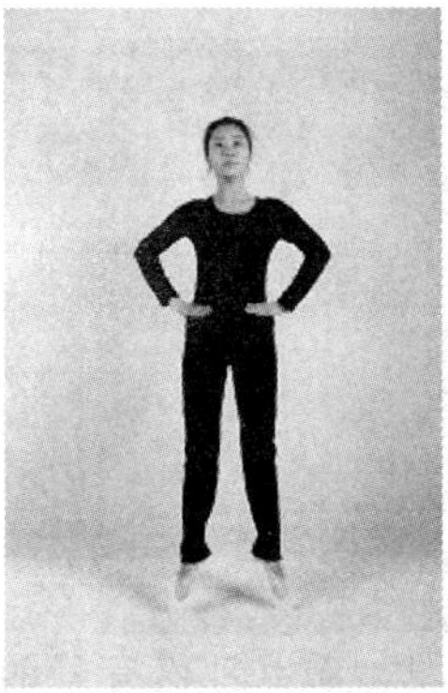
图 1-76

图 1-77

要求：在学员能熟练掌握小跳规范动作的基础上，可以在一个 8 拍内连续跳 3 个、4 个、5 个、6 个等。方向也可在 1 点、2 点和 8 点间变化。

学法指导

1．小跳是练习腿、膝和脚腕能力的，练习中强调发力点在脚腕，不能用上身发力向上带着跳。

2．小跳中保持身体姿态，不要弯腰，落地时不能撅臀。

3．动作轻盈灵活，切忌沉重扭曲。

知识窗

腿部肌肉拉伤后的处理

这节我们开始练习腿部的肌肉能力。训练中大家一定要注意避免腿部肌肉拉伤。最容易受拉伤的两处是：大腿后面（腘绳肌）、大腿内侧（内收肌）。腘绳肌拉伤的主要症状是当你伸直腿的时候，腿部和背部会有尖锐的疼痛。内收肌拉伤的主要症状是当你想向外侧抬腿时，大腿内侧会有尖锐的疼痛。预防腿部肌肉拉伤要做到：（1）在运动和拉伸之前一定要先热身。（2）不要长时间或过度地完成某一拉伸动作。（3）科学地训练，在专业教师的指导下练习。

韧带拉伤的治疗办法是在拉伤之后马上做到以下几点：（1）休息，马上停止运动，不要让受伤的肌肉再运动。（2）冷敷。冰块或者其他冷敷可以帮助减小疼痛和肿胀，因为降低温度可以减小血液循环。每次冷敷 15～20 分钟，每天 3～4 次。需要冷敷 1～2 天。（3）等到肌肉恢复后再渐渐增加练习，不要带伤运动。

拓展阅读

健身新宠——普拉提

当前女性健身减肥的运动项目繁多，如有氧健身操、钢管舞、肚皮舞、热瑜伽等，但当中最流行、最时尚的还是要算“普拉提”。它的创始人是德国人（Joseph H.pilates）约瑟夫·普拉提先生，“普拉提”也因此而得名。他将东、西方的养生方法，如瑜伽、太极拳等融会贯通，并佐以自己设计的一些动作，逐渐形成了今天的普拉提。

普拉提最大的特点是简单易学，不仅动作平缓，而且可以有目的地针对手臂、胸部和臀部、腿部等进行锻炼，增强身体的柔韧性。这项运动不受活动地点的限制，家庭中、健身房和办公室都可以进行。它的运动速度相对平和，是静力状态的运动，几乎不会产生对关节和肌肉的伤害。同时，动静结合的动作安排，使身体既有紧张也有放松，对于身体柔韧性并不好的业余爱好者来说也很适合。它的运动强度不是特别大，但它讲究控制、拉伸和呼吸，对胸、腰、腹、臀等女性重点部位的塑造有非常好的效果，因此更适合爱美的办公室女性来进行形体美的塑造。

接下来介绍几个“普拉提”基本动作，大家不妨来感受一下。

腹肌练习动作一：

仰卧在地板上，双臂伸直上举在头后方。腹部收缩，双脚离地悬空，大腿和小腿成 90 度。吐气时手臂带动头肩往上离开地面，双腿伸直与地面成 70 度左右夹角。吸气时慢慢恢复原位。一般一个 8 拍完成一组动作。连续做 4 组。

腹肌练习动作二：

仰卧在地板上，双臂伸直上举在头后方，双腿伸直与地面成 70 度左右夹角。吐气时头部、肩部、背部离开地面，同时双手在臀部两侧做下压动作，一拍一次，注意不要碰到地面。连续下压 5 次后，吸气还原姿态。

腹肌练习动作三：

仰卧在地板上，腹部收紧，双腿并拢后，绷脚抬离地面 30 度控制。吐气时，慢起头、肩、背，同时向腹部收一条腿，双手轻扶腿。吸气时身体还原，腿伸直但控制在 30 度上，再吐气时，交换一条腿收回，双手轻扶腿。如此交替进行。

臀肌练习动作一：

俯卧在软垫上，手臂向前伸直，两腿伸直并拢。1—4 拍吸气，5—8 拍吐气。准备时身体做两头抬起，肩胸向上抬，腿伸直向上抬，膝盖离地。吸气、吐气时手和脚同时上、下摆动，就像游泳一样，持续摆动不停顿。

臀肌练习动作二：

跪趴在软垫上，双手撑地，头看前方。先右脚向后伸直，与臀部、头部在一个水平面上。用脚尖画小小的圈，膝盖要伸直。顺时针画完 8 个小圈后，再逆时针画 8 个小圈，然后再换左腿向后画圈。

大腿肌练习动作：

侧卧在软垫上，一手肘撑地，两腿伸直上、下叠放，绷脚。配合呼吸，把上面一条腿向体前伸，点地。下面一条腿轻轻抬离地面一点，然后用脚尖画圆圈 8 次，反方向画圆圈 8 次。收回转身进行另一条腿的动作。

实战训练

1．学习腿的基本动作及其训练方法。

2．能够较规范地完成腿部组合的基本动作，动作到位。

3．根据自己的实际情况循序渐进地进行腿部韧带的拉伸，避免受伤。

4．课后能坚持锻炼，每周进行二至三次的形体练习。

第五节　手臂姿态训练

知识领航

手臂主要由上臂、肘关节、前臂、腕关节和手组成。它的主要肌肉由肱三头肌、肱二头肌、伸肌群、屈肌群和手肌组成。手臂的训练包括手指、手腕、小臂、大臂等几个部位，在完成大臂动作时，肩关节自然也参与了动作。手臂动作是舞蹈中姿态、形象最富细腻感和感情色彩的表现，一个笔直僵硬，直来直去的手臂动作无疑是缺少美感的。古人将美女的手臂形容成"手如柔荑，臂似玉藕"，现代生活中浑圆结实的手臂和柔美灵巧的手臂动作，会给我们的"举手投足"带来无限魅力。因此在训练中我们强调动作细腻柔和的韵味，要求形态准确，手臂姿态与身体动作的协调配合。

一、手臂基本动作

手臂的基本动作很多，有屈肘、伸肘、上扬、绕环、手腕转动等，在各种不同的舞蹈中都有其特有的、丰富的手臂动作，在后面学习的芭蕾、古典舞中大家都会学习到，这里介绍的不是姿态，而是手臂运行的基本动作。

（一）基本动作

1．提

手心朝下，用手腕领着手背，带动小臂、大臂做由下向上的动作。

2．压

手心朝下，用手掌根领着小臂、大臂做由上向下的动作。

3．推

掌心朝外，掌根领着手掌、小臂、大臂做由里向外的动作。

4．扬

掌心朝上，手臂做由下而向斜上方、斜前方、斜后方的动作。

5．绕环

以肩为圆心，手臂经过上提至高点后下压在身旁做圆周运动。

6．波浪

按照肩、上臂、肘、下臂、手腕、手掌、手指的顺序，让手在抬起的同时，由内侧向外侧画一个弧线，在下降的时候，依次放下肩、肘、手，让手臂像波浪一样上下起伏。

（二）训练方法

1．手指练习

练习时让手指灵活，指尖有控制能力。

（1）扩指

做法：两手五指尽量张开，两手指与指相对贴紧，两手肘提平后尽力向内压，使手掌心相靠。（见图 1-78）

要求：手肘要与地面平行，感觉先靠指根，再靠掌心，一拍一压。

（2）轮指

做法：两手手指张开，掌心面对自己，按小指、无名指、中指、食指、拇指的顺序一个一个收回掌心成轻握拳状，手腕由内而外翻出，再用同样的出指顺序一个一个手指伸出。（见图 1-79）

要求：手指动作清晰，不黏糊，出指要直，动作均匀连贯。可以连续循环着做。

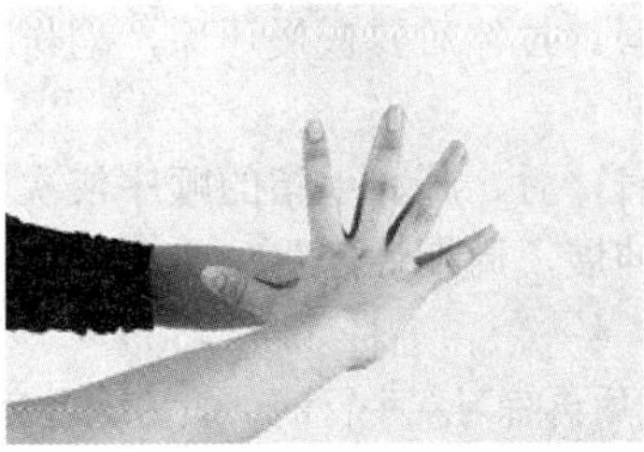

图 1-78

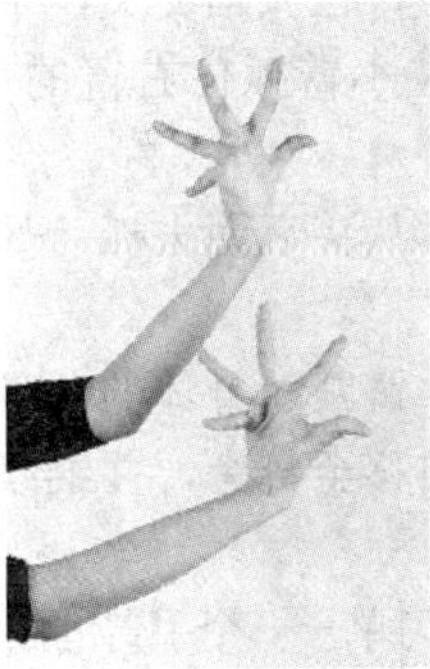

图 1-79

2．手臂肌肉练习（器械）

松弛的臂肌俗称“拜拜肉”，是爱美女性的大忌，有了那一块垂挂的“拜拜肉”，夏天短袖、无袖都没法穿了。大臂肌肉紧实一般都是要靠负重来练习的，没有哑铃的地方可以使用矿泉水瓶或一本厚书来代替，一般 0.5～1 公斤为宜。

（1）屈肘运动

做法：直立，双手持哑铃，直臂，掌心朝外准备。4 拍一个屈肘。双手经上提前平举后屈肘，小臂收至胸前，4 拍一个回落。小臂伸直回到前平举，再向下放回身前。

要求：动作不要急，屈伸要充分，速度要均匀。

（2）扩展运动

做法：手握哑铃做扩胸运动，屈肘两次，直臂后扩两次。

要求：扩胸时手臂要放平，力量向两旁，不要向下。

（3）摆臂运动

做法：直立，双手握住哑铃。将哑铃握在胸前，收紧手肘贴近身体两侧。手臂向下摆到大腿，然后向上举到肩膀的高度，手臂向内弯曲，然后再将动作的顺序反过来做。一个 8 拍完成。

要求：动作要稳，不宜过快。

3．手臂力量训练

（1）手掌爬行运动

做法：直立，弯腰，将手掌放在脚前面，重心前移，用手交叉在地面前移，同时慢慢直膝，直到形成俯卧撑的姿势。停顿一下后，再倒回去，回到站立姿势。

要求：膝部尽量要直，移动时不要左、右摆动身体，在俯卧撑姿势上做10秒停留。

（2）扶墙臂屈伸

做法：距离一米，面墙而站，两臂伸直，两手掌去撑墙，做屈臂动作，再收回还原，连续做30次为一组。

要求：上身直立，膝盖伸直，不要有多余的动作。屈肘时肘关节在胸前，动作不宜太快。

4．手臂柔韧训练

（1）伸展动作

做法：跪姿，手臂在头顶交叉，手指相握。抬头，保持头与脊椎成一条直线，腹部收紧，保持上身直立。屈左小臂抓住右臂的手肘，然后右臂带动向右旁方向拉伸，停留一会儿，还原。交换手臂进行。

要求：抓手肘时从头后面去抓，尽量开肩。拉伸后要慢慢还原，动作不要急。

（2）波浪动作

做法：直立，手臂跟随身体的呼吸，以肩、肘、腕、手指的顺序依次上提、下压，连贯完成。然后慢慢从身前移至身旁，并继续依次伸展，周期性连贯动作形成波浪性，手臂波浪幅度可大可小。

要求：可以先练习单一一个手臂的波浪，然后再练习双手臂的，最后练习交替手臂的波浪动作。

知识窗

手臂形态美的标准

手臂和手腕是比较纤细的部分，大体来说，上臂围(手肘至肩部最粗的部分)比颈围（下巴抬起颈部伸长的状态）细4.5厘米是最理想的，也就是上臂围为25厘米时颈围为29.5厘米的情况。

知识窗

办公室瘦臂操

平时的学业、工作负担很重，没有专门的时间进行锻炼，胳膊上肥肥抖抖的“拜拜肉”很快就要出现了，减肥不如预防，在有限的空间和时间里，做几节瘦臂操，只要坚持，就能有意想不到的效果哦。

（1）坐在椅子上，只能坐前半个椅面，后背立直。双手各拿一只装满水的矿泉水瓶，手臂向前、旁、上方伸直抬起放下，一个方向连续20次。

（2）坐在椅子上，只能坐前半个椅面，挺胸收腹，双手各拿一只装满水的矿泉水瓶或一本厚书，左手臂抓矿泉水瓶，向右后肩去靠，尽量去贴右肩胛骨，5 秒后换另一边，重复 30 次。

（3）坐在椅子上，双手握拳置于胸前，屈肘平放小臂与地面平行。然后快速地用两个肘去夹肋骨，再迅速还原。20 个为一组。每夹一次都要还原到小臂与地面平行位置。

二、手臂姿态组合

（一）手指、手腕练习组合

音乐 2/4　4/4
准备：盘腿坐，双手放在膝盖上。
[1]1—4 两手扩指，互压 4 次，5—8 停压 4 拍。
[2][3]同[1]。
[4]1—4 双手十指交叉握拳。
　5—8 十指交叉向前推出，手臂伸直。
[5]1—4 十指交叉收回至胸口，掌心对身体。
　5—8 掌心向上推至头顶，手臂夹耳。
[6]1—4 收手臂至胸口，掌心对身体。
　5—8 掌心向外推至体前。
[7]重复[5]。
[8]重复[6]，第 8 拍时双手收回背在身后。
[9]提右手至胸前，单手轮指一次，收回背身后。
[10]提左手至胸前，单手轮指一次。
[11]双手轮指一次。
[12]双手轮指速度快一倍动作，完成两遍。
[13]1—4 右手在右腰旁盘腕一次，提至头顶。
　5—8 在头顶盘腕一次，下压背到身后。
[14]1—4 左手在左腰旁盘腕一次，提至头顶。
　5—8 在头顶盘腕一次，下压背到身后。
[15]双手盘腕，由腰旁至头顶，再回到腰旁两次。
[16]呼吸旁提手臂，打开至身侧，再呼吸一次，双手收回背于身后。

（二）伸展手臂组合

音乐 2/4
准备：基本站姿，两脚分开与肩同宽，目视前方。
[1]1—4 旁提右手臂至头顶三位。

5—8 右手臂经前到后大绕环后回到三位。

[2]1—4 手臂向右侧旁打开，成七位，头看右手臂。

5—8 右臂向下回到身侧。

[3]1—4 旁提左手臂至头顶三位。

5—8 右手臂经前到后大绕环后回到三位。

[4]1—4 手臂向左侧旁打开，成七位，头看左手臂。

5—8 左臂向下回到身侧。

[5]1—4 双手提至二位。

5—8 打开至七位。

[6]1—4 向右下旁腰，左手三位，右手一位。（见图 1-80）

5—8 身体回正，手臂打开七位后还原身侧。

[7]重复[5]。

[8]做与[6]相反方向动作，脚收回并拢成小八字。

[9]1—4 左腿直膝向前擦出，脚尖点地，同时双手二位，立腰。

5—8 屈膝，重心前移至左腿直立、右腿体后脚尖点地。同时右臂前上举，左臂侧平举。（见图 1-81）

[10]1—4 右臂上举，头向右斜上方抬。

5—8 右臂落至侧平举，头向前转，眼平视。

[11]1—4 右臂经后、下、前、上绕，左臂经下、前绕至左臂后斜下举，右臂斜前上举，挺胸。

5—8 右脚体侧脚尖点地，同时右臂侧平举、左臂前上举。（见图 1-82）

[12]1—4 右臂向上抬至上举，并脚提踵。

5—8 两臂慢推至后侧平举。（见图 1-83）

图 1-80

图 1-81

图 1-82

图 1-83

学法指导

1．做动作时手臂的线条尽量拉长，指尖有向远处伸的感觉，但不要送肩出去。

2．每一个手臂动作都要注意伴随着呼吸来做，切忌直来直去，注意体会手臂、手指延伸的感觉。

3．仔细感受动作与音乐的配合，提高手臂动作的表现力。

（三）手臂波浪组合

音乐 2/4 舒缓柔美

准备：小八字站姿，双手自然下垂。

[1]1—4 右臂向旁提至腰的位置，下压回身侧。

5—8 右臂旁提经腰侧至头顶，后下压回到身侧，头随右臂方向。

[2]1—4 左臂向旁提至腰的位置，下压回身侧。

5—8 左臂旁提经腰侧至头顶，后下压回到身侧，头随左臂方向。

[3]1—4 双臂向旁提至腰的位置，下压回身侧。

5—8 双臂旁提经腰侧至头顶，成三位。

[4]手臂慢慢地由三位至七位打开后收回身侧。

[5]1—2 左腿向前一步、两臂经侧至前下方向内交叉摆动，同时双膝屈伸一次。（见图 1-84）

3—4 两臂向外摆，同时双腿随之再屈伸一次。（见图 1-85）

5—6 直立，左腿在前，右腿在后，脚尖点地，两臂侧平举、掌心向下。（见图 1-86）

7—8 两臂前上举做波浪一次。

[6]做与[5]相反方向。

[7]1—2 左臂掌心向上经前下落。

3—4 左臂下落至体侧。

5—8 同 1—4 但方向相反。

[8]1—4 重心向后移，成右腿支撑、左腿体前点地，同时，两臂做侧波浪一次。（见图 1-87）

5—6 两臂再做侧波浪一次。

7—8 还原为直立。

图 1-84

图 1-85

图 1-86

图 1-87

学法指导

1. 要先进行单一波浪动作的练习，熟悉了之后再进行组合学习。
2. 波浪要柔美而不失韧性，连贯流畅地完成，注意身体与呼吸的配合。
3. 波浪动作要做得充分，每一个关节的动作要做足，力量向指间延伸。

拓展阅读

美轮美奂的傣族舞

在民族民间舞当中，舞蹈演员的手指和手臂是具有表现力和感情色彩的身体部位之一。各个舞种都有属于自己风格特点和鲜明特色的手位动作，如维族舞蹈的“脱帽”、“捻指”，藏族舞蹈的“甩袖”、“单背巾”，蒙族舞当中的“勒马手”、“柔臂”，鲜族舞当中的“腰围手”、“双扛手”等。笔者认为，把手指、手臂动作发挥到淋漓尽致，最丰富、最具雕塑感的要算傣族舞了。

傣族舞蹈安详、舒缓的动律来自其劳动生活环境和传统的审美情趣。傣族人民生活在亚热带地区，由于天气湿热，又生活在“宁静的田园”中，喜欢树荫和水边，喜欢明月和繁星，不喜欢激烈的活动。劳动后归来清洗洁净，饭后在微风清拂凉爽的夜晚，大家和着清缓的鼓声尽情歌舞，那是最惬意的事。素有洁净、爱美和歌舞风习的傣族，就是这样把水的清纯和水波轻柔的流淌，化为他们安详、舒缓的舞蹈动律。此外，人们生活在亚热带的环境，经常和孔雀、大象等温顺、可爱的热带动物相处，舞蹈中自然融入对这些珍禽异兽的艺术升华，成为动律动态的文化元素。

傣族舞蹈的基本手型有手式、掌式、掌式摊掌、掌式按掌、掌式托掌、平掌、领腕、掌式侧提腕、孔雀手、眼式手、嘴式手、鱼舞手式、准备手、抓式手等。基本手位包括一位手(前旁后侧)、里二位手、大小二位手、三位手、大三位手、侧三位手、四位手、大四位手、五位手、小五位手、六位手、七位手、小七位手、斜七位手、一七位手、小一三位手、一三位手、一二位手、八位手。可见手型手位是非常丰富的。

人们认识傣族舞，喜欢傣族舞，大概是从舞蹈家杨丽萍开始的吧。这位被称为“孔雀公主”的白族舞蹈家，将雀、水、树、月、火、雨等形象用自己独创的傣族舞蹈语汇进行了绝美的演绎。其中最让人难忘的是她那修长的十指演绎出变化多端的动作形态所传递出来的丰富情感，以及她肩肘运腕，以手臂塑造的独特的灵动、有力的三道弯造型。在舞蹈《春雨》中杨丽萍运用十个手指的巧妙颤动，象征连绵不断的春雨，这一动作设计被誉为独特的创编。

此外傣族舞优秀作品——《赞哈》、《邵多丽》、《两棵树》、《水中月》等都非常具有代表性。舞蹈中运用手臂、手腕、手指，柔软而不松软，具有韧劲的内在力量。手上每个舞姿的变化柔软而刚韧。这样的手臂动作配合身体的“三道弯”、“一顺边”的造型，使得傣族舞动作婀娜多姿，极具雕塑美，因此也受到很多人的喜爱。

实战训练

1. 正确进行手指、手臂的基本动作训练。
2. 能够舒展、连贯地完成手臂动作组合。
3. 了解一种自己感兴趣的民族舞蹈，尝试自学手位动作。
4. 课后能坚持锻炼，每周进行二至三次的形体练习。

第六节 综合姿态训练

知识领航

姿态指的是一个人身体的姿势、形态，它是人的文化修养和气质风度的综合表现。它包括一个人坐、立、行走，待人接物，谈话工作等时候表现出来的各种肢体形态和表情。生活中我们常常发现这样的女性，尽管容貌平平，但是穿着得体，表情温和，举手投足之间优雅端庄，恰到好处，你会觉得这位女性很美。可见要成为真正的“美女”除了美丽的五官之外，在姿态上也一定要有她的动人之处。优雅的姿态是需要训练的，经过前面几节身体各部分肢体机能的训练之后，我们的身体柔韧性和协调性也有所提高，对自己身体的控制能力也增强了。这时再来进行综合姿态练习就比较容易取得满意的效果。

一、姿态控制组合

姿态控制是为了造就良好的体型，形成正确、优美的动力定型而采取的有效方法。它需要能够精细化、高规格地完成每一个动作，体会动作过程中的流畅和韵味，保持身体的直立挺拔和稳定舒展。

音乐 2/4 舒缓优美

准备：小八字基本站姿，双手自然下垂。

[1]1—4 左腿向前擦地，左脚尖点地，同时两臂由身侧提至一位，抬头，目视前方。（见图 1-88）

5—8 屈膝，重心移至左腿上，右脚后点地，同时右臂前提，指向前上方，左臂旁至七位。（见图 1-89）

[2]1—4 右臂上举至三位手，头看向右斜上方。（见图 1-90）

5—8 左臂上举至三位，右臂旁落至七位，头看向正前方 1 点方向。（见图 1-91）

[3]1—4 左臂下落至胸前，屈膝，重心移回右脚。

5—8 右臂抱回至胸前，成二位手。

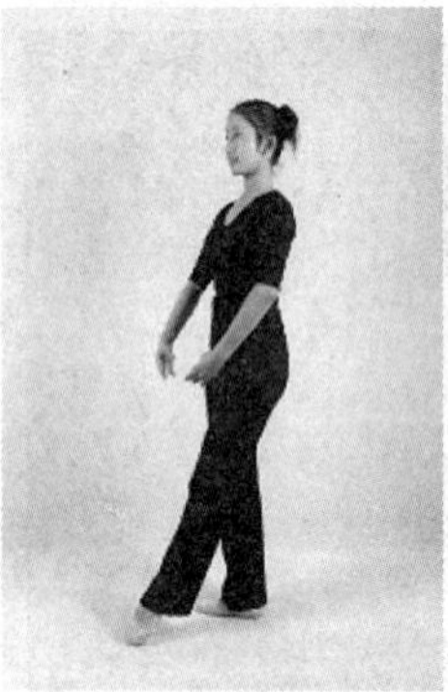
图 1-88

图 1-89

图 1-90

图 1-91

[4]1—4 左脚点地向旁化弧线，成左旁点地，手臂向两旁打开至七位。（见图 1-92）

5—8 下蹲旁移重心至左脚，右脚收回成小八字，双手收一位。（见图 1-93）

[5]1—4 左脚向前迈步半脚尖立，双手三位。（见图 1-94）

5—8 左脚虚点步半蹲，上身微前倾，左臂在左后上方，右臂在前下方，两臂慢慢到位。（见图 1-95）

图 1-92

图 1-93

图 1-94

图 1-95

[6]1—4 立腰，同时两臂上举。（见图 1-96）

5—8 两臂向后方推出，同时塌腰、挺胸、仰头（见图 1-97）。两臂经后旁继续下绕至脚踝关节处，含胸，低头。（见图 1-98）

[7]1—4 左脚向前迈步半脚尖立，双手三位。（见图 1-99）

5—8 右脚虚点步半蹲，上身微前倾，右臂在右后上方，左臂在前下方，两臂慢慢拉伸到位。（见图 1-100）

[8]1—4 立腰，同时两臂上举。

5—8 两臂向后方推出，同时塌腰、挺胸、仰头，两臂经后旁继续下绕至脚踝关节处，含胸，低头。

[9]1—4 上身直立，同时两臂打开至七位，左脚前点地。（见图 1-101）

5—8 左脚经擦地，向后抬起离地 45 度，同时左臂向前举。（见图 1-102）

[10]1—4 左脚经擦地向前至前点地，双手三位。

5—8 重心移至左腿，右腿后点地，同时两臂打开下落至体前大一位，上身向左拧。（见图 1-103）

图 1-96

图 1-97

图 1-98

图 1-99

图 1-100

图 1-101

图 1-102

图 1-103

[11]1—4 左腿直膝，右腿屈膝，开胯前举，同时左臂二位前伸，右臂向旁七位。（见图 1-104）

5—8 右腿前落成大弓步，头向左转，同时两臂前上举至耳侧。（见图 1-105）

[12]1—4 移重心至右腿，左脚后点地，双手三位。

5—8 左臂下落至前上方，右臂旁落至七位，手心朝下。（见图 1-106）

图 1-104

图 1-105

图 1-106

学法指导

1．姿态组合讲究的是“美感”，因此在完成中除了会做动作外，更要把韵味做出来。
2．注意动作的细节及动作的衔接，提高组合完成的质量。
3．在熟练完成组合后，请注意自己的表情、表现。

二、交替步组合

交替步组合练习在连续的步伐运动时迅速转换重心并保持上身姿态的挺拔和手臂动作的优美。交替步组合既训练了学员腿部的灵活性，又发展了肢体动作的协调性和对身体的控制能力，同时对学员的舞蹈韵律感和表现力培养都有很好的作用。

（一）交替步做法：3/4

1 拍：提踵左脚向前迈出一步，重心移至左脚。
2 拍：右脚前脚掌在左脚旁点一下，重心移至右脚，同时左脚离地。
3 拍：左脚前脚掌在原地点一下，重心移回左脚。
4-6 拍从右脚开始。

（二）组合

准备：正步提踵，两手叉腰。抬头挺胸，立腰拔背。

[1]（1—3）～（4—3）：原地做半脚尖交替步，左脚先开始，面朝一点方向。

（5—3）～（8—3）：原地做半脚尖交替步，每一个 3 拍做一个 90 度的左转身，转回一点方向。

[2]（1—3）～（4—3）：左、右脚做交替步向前走，两臂交替由体侧提至前、旁，在体前摆动，左脚交替步时右臂前举，左臂旁举。右脚时手臂交换。（见图 1-107）

（5—3）～（6—3）：左脚上步，双脚并，半脚尖立起，双手三位。

（7—3）：左脚旁点，屈膝，两臂经胸前交叉至左臂旁伸，右臂右斜上方举，头看右侧。（见图 1-108）

（8—3）：并脚提踵向后转身，双手提至三位。面向 5 点方向。

[3]重复[2]动作。结束时面向 1 点方向。

[4]（1—3）～（4—3）：向着 8 点和 4 点方向做前进、后退交替进行的交替步，向前进时掌心朝前，两臂向前托出，上身立直，抬头。向后退时手臂向后拉，含胸，低头。（见图 1-109 和图 1-110）

（5—3）～（8—3）：左脚上步，顺着左手方向，交替步走个圆圈，头看左上方，左手叉腰，右臂斜上举，转至面对 1 点方向。（见图 1-111）

[5]做与[4]方向相反的动作。

[6]（1—3）：左脚交替步向前，双手经体侧在胸前交叉。（见图 1-112）

（2—3）：右脚交替步向后退，双手经由胸前向旁后方推出。（见图 1-113）

（3—3）～（4—3）：重复（1—3）和（2—3）的动作。

（5—3）～（6—3）：双脚并立，双手由旁抱至胸前，掌心对胸口。（见图 1-114）

（7—3）～（8—3）：右脚旁点，左腿屈膝，双手从胸前打开，左臂斜上举，右臂旁举。（见图 1-115）

图 1-107

图 1-108

图 1-109

图 1-110

图 1-111

图 1-112

图 1-113

图 1-114

[7]（1—3）：左脚向旁交替步一次，左臂由身侧提起、下落。

（2—3）：右脚向旁交替步一次，右臂由身侧提起、下落。

（3—3）～（4—3）：重复（1—3）和（2—3）的动作。

（5—3）～（6—3）：左脚向左跨一步，提踵，右脚迅速跟上并脚，左脚再向左跨出，重心在左脚上。双臂向左边做个圆周绕环，最后造型停留在左臂旁举，右臂前举上。（见图 1-116）

（7—3）～（8—3）：做与（5—3）和（6—3）相反的动作。

[8]（1—3）：左脚交替步向前，双手经体侧在胸前交叉。

（2—3）：右脚交替步向后退，双手经由胸前向旁后方推出。

（3—3）～（4—3）：重复（1—3）～（2—3）的动作。

（5—3）～（6—3）：双脚并立，双手至三位。

（7—3）～（8—3）：左脚后撤步，脚尖点地，右膝屈膝成弓步。双手同时上举过头，左手高，右手低，手心对着自己，眼看着手的方向。（见图 1-117）

图 1-115

图 1-116

图 1-117

学法指导

1．交替步组合作为对身体的协调性和对音乐的表现力的训练是再合适不过了。动作易学，但掌握韵味较难。

2．在学会了单一的步伐之后，再进行组合学习，这样会比较容易掌握组合。

3．注意组合动作和三拍音乐节奏之间的关系，像波浪般起伏，又延绵不断。

知识窗

气质那些事儿

中国人说“气质”一般来说是指根据人的姿态、长相、穿着、性格、行为等元素结合起来给别人的一种心理感觉。西方人说“气质”则是指由人的生理素质或身体特点反映出的人格特征。气质是一个古老的心理学问题。早在公元前 5 世纪，古希腊著名医生希波克拉底就提出了 4 种体液的气质学说。他认为人体内有四种体液：血液、黏液、黄胆汁和黑胆汁。四种体液协调，人就健康；四种体液失调，人就会生病。希波克拉底就根据哪一种体液在人体内占优势把气质分为 4 种基本类型：多血质、胆汁质、黏液质和抑郁质。分别对应我们熟悉的人物是：孙悟空、张飞、薛宝钗、林黛玉。我国古代思想家孔子从类似气质的角度把人分为“中行”、“狂”、“狷”三类。

现代心理学把气质理解为人典型的、稳定的心理特点，这些心理特点以同样的方式表现在各种各样活动中的心理活动动力上，而且不以活动的内容、目的和动机为转移。人的气质对行为、实践活动的进行及其效率有着一定影响，因此，了解人的气质对于教育工作、组织生产、培训干部职工、选拔人才、社会分工等方面都具有重要意义。

人的气质本身无好坏之分，气质类型也无好坏之分。日常生活中所讲的某人气质好，其实说的是他或她展现出来的姿态体态、动作语言等高雅有礼，符合大家的审美标准。

拓展阅读

优雅淑女如何在生活中养成？

一个人的气质表现在他日常生活中的一举手一投足，对于一名女性来说，在生活中养成优雅的姿态，体现高雅气质，是件人人都向往的事儿。

然而日常生活场所可不是练功房或者训练教室，没有老师提醒你如何保持身体的挺拔，如何保持面带微笑，更不会每一件事、每一句话地教你如何体现端庄高雅的姿态，那该怎么办呢？先来看个小案例。

办公室里来了一个新同事，是个年轻女孩。女孩挺会打扮，看上去很漂亮。一天收发室来了一些杂志和信件，这位女同事就帮大家分发。只见她“啪、啪、啪”地把手上的杂志和信件一件件扔到了同事们的桌上，结果有本杂志还碰翻了桌上的水杯。试想，如果说她能够轻柔地、稳稳地将信件一封封地交到主人手上，再加上一句简单的叮嘱，那会是一个多么美好的姿态呀！

有位台湾知名礼仪专家这样说过：要想在生活中始终保持优雅的礼仪姿态，那么就把你身边的一切都看成最贵重、最高价的物品。我想，如果女孩分发的不是杂志和信件，而是价值连城的物品，她断然不会随手一扔的。

因此，如果你希望自己在平时的生活中优雅而不做作，那么就把身边的一切想象成是很昂贵的，认真对待，小心使用。形成习惯后再延伸到你的语言当中，很快，你就会是大家眼中的高雅淑女了！

实战训练

1. 能够较规范地完成姿态组合的基本动作，动作舒展，姿态优美。
2. 思考如何促进自身气质的养成，为自己列出计划书。
3. 课后坚持形体训练，进一步提高身体的柔韧性和协调性。

第二章 中国古典舞身韵

学习目标

1．掌握中国古典舞的“身法”与“韵律”，能体现出中国古典舞“形神兼备，身心并用，内外统一”的风貌及审美精髓。

2．掌握中国古典舞基本动作和韵律，能够规范、优美地完成动作组合，提高音乐感受力和表现力。

3．通过古典舞身韵的学习，使女性学员们增加典雅气质，更显柔娴灵动。

4．陶冶情操，提高学生的审美能力，培养学生对中国传统舞蹈的了解和喜爱，提高艺术素养。

内容导读

世界上许多国家和民族都有各具独特风格的古典舞蹈，在世界范围内，各个国家在自己本民族的历史发展长河中，逐渐积累并形成了具有典范意义和独特风格的传统舞蹈。一般来说，古典舞都具有严谨的程式、规范性的动作和比较高超的技巧。本章从中国古典舞的起源、发展、身韵及其审美进行介绍，通过基本动作、基本元素、综合组合的训练，让大家对中国古典舞有一个全面了解，并能从姿态、动作、呼吸和眼神中体现出中国古典舞“形神兼备，身心并用，内外统一”的风貌及审美精髓。

第一节　中国古典舞的基本理论

知识领航

中国古典舞是在以戏曲舞蹈和中华武术为主要基础，同时贯彻多元素吸收的原则上发展而建立起来的。戏曲舞蹈讲究形体的曲线美，舞姿的拧倾、弯曲、交叉、旋扭是它的显著特点，是“线的艺术”的重要体现；戏曲舞蹈提供了为世界公认的中国式独特的表现生活和塑造人物形象、表达感情的方式方法和手段，这包括“以腰为轴”的运动力源论，“从反面做起”的运动起势论，以及曲圆、含腆、缩展、缓疾、刚柔、松紧、虚实、开合等的运动辩证法。武术的粗犷、刚健、洒脱、舒展的精神气质更接近现代人，其中太极拳内外结合的用气方法和粘、绵、连、随的韵律技法的特点，以及长拳中矫健的步法，宛若游龙的身法连接及闪、转、腾、挪的技巧特点正巧弥补戏曲舞蹈的不足。传统戏曲与武术中和谐的流动美、刚柔动静的统一及芭蕾的韧性和修长，从一开始就影响着古典舞的建设和发展，这种统一于形与神、身与心的艺术，使当代中国古典舞成为世界舞坛上散发独特馨香的一朵花。那么就让我们通过本节内容的学习来了解一下什么是中国古典舞；什么是古典舞身韵及身韵训练的内容吧。

一、古典舞的分类

古典舞按地域分主要有如下几类。

（一）中国式

中国的古典舞创立于 20 世纪 50 年代，曾一度被一些人称作“戏曲舞蹈”。它本身就是介于戏曲与舞蹈之间的混合物，也就是说还未完全从戏曲中蜕变出来。称它为戏曲，但它已去掉了戏曲中最重要的唱与念；说它是舞蹈，但它还大量保持着戏曲的原态。流传下来的舞蹈动作大多保存在戏曲舞蹈中；一些舞蹈姿态和造型保存在中国的石窟壁画、雕塑、画像石、画像砖、陶俑，以及各种出土文物上的绘画、纹饰舞蹈形象的造型中；中国文史资料也有大量对过去舞蹈形象的具体描述。中国舞蹈家从20世纪50年代开始进行对中国古典舞的研究、整理、复现和发展工作，取得了很大成绩，建立了一套中国古典舞教材，创作出一大批具有中国古典舞蹈风格的舞蹈和舞剧作品，形成了细腻圆润、刚柔并济、情景交融、技艺结合，以及精、气、神和手、眼、身、法、步完美谐合与高度统一的美学特色。

（二）欧洲式

欧洲式一般都泛指芭蕾舞。芭蕾，系法语 Ballet 的音译。欧洲各国的古典舞剧统称为芭蕾，是一种以欧洲古典舞蹈为主要表现手段，综合音乐、戏剧、舞台美术等艺术形式的舞蹈品种。由于其表演技术上的一个重要特征是女演员要穿特制的足尖舞鞋并用足尖立地跳舞，所以俗称“足尖舞”。相传，芭蕾最早起源于意大利，形成于法国，18 世纪传入俄国。在 18 世纪末和 19 世纪初才成为一种独立的完整艺术形式，创造了足尖舞蹈技巧，发展了各种腾空跳跃和旋转技巧，并产生了一套完整的训练方法，逐渐形成具有不同风格特点的意大利学派、法兰西学派和俄罗斯学派等。20 世纪 20 年代以后出现了现代芭蕾学派，并陆续派生出许多芭蕾学派，风行欧美。

（三）印度式

印度式由婆罗多、卡塔克、卡达卡利、曼尼普利、奥迪西和库契普迪六大传统舞系组成。其主要艺术特征是舞蹈动作节奏、韵律鲜明，造型性强，具有丰富内涵的、多姿多彩的舞蹈哑语手式和细腻的面部表情。

二、中国古典舞的起源与《身韵》课的发展

（一）中国古典舞的起源

中国古典舞从其起源来说，是古代舞蹈的一次复苏，是戏曲舞蹈的复苏，是几千年中国舞蹈传统的复兴。十分明显，它的审美原则不是什么新发明，而是几千年中华文化的流传和延续，是用一根长线从古串到今的，这些原则非但在戏曲中可见，在唐宋乐舞中，在汉魏“舞戏”中，甚至在商周礼乐中，都能见其蛛丝马迹的文化特征；就其流派来讲，它是在原生地上生成的一个崭新的艺术品类，这是一个可以和芭蕾舞、现代舞相媲美的新的舞蹈种类，这个舞种是地道的“中国货”。

（二）《身韵》课

产生于 20 世纪 80 年代初的中国古典舞《身韵》课，经过十多年的实践，已逐渐为中外舞蹈界和学术界所认识。1993 年，它被国家教育委员会列为优秀教学成果而获得奖励。北京舞蹈学院李正一和唐满城两位古典舞老教授创建了古典舞《身韵》课，它使中国古典舞重振雄风，使古典舞事业曙光再现。李正一教授在诠释“古典舞”时这样讲道：“名为古典舞，它并不是古代舞蹈的翻版，它是建立在深厚传统舞蹈美学基础上，适应现代人欣赏习惯的新古典舞。它是以民族为主体，以戏曲、武术等民族美学原则为基础，吸收借鉴芭蕾等外来艺术的有益部分，使其成为独立的、具有民族性、时代性的舞种和体系。”身韵的出现作为一项重要的中国古典舞教学成果，使中国古典舞的训练走向自身形式的规范化、舞种化。它不仅是完整的训练体系，而且是训练与创作、表演相互统一的中国古典舞审美特征的体系。

三、古典舞身韵及其审美

（一）身韵

“身韵”即“身法”与“韵律”的总称。“身法”属于外部的技法范畴，“韵律”则属于艺术的内涵神采，它们二者的有机结合和渗透才能真正体现中国古典舞风貌及审美的精髓。换句话说，“身韵”即“形神兼备，身心并用，内外统一”，这是中国古典舞不可缺少的标志，是中国古典舞的艺术灵魂所在。身韵，虽然风格源是明显的，但它已不能再冠以“戏曲舞蹈”之名，它的从戏至舞的蜕变已基本完成。它已摆脱原戏曲舞蹈对角色行当的千变万化，然而不管怎样变，又是万变不离其宗，这个“一”和这个“变”都是一种艺术难得的性格，也是一门艺术的美学要义。

（二）身韵训练的内容——“形、神、劲、律”

一个成熟的民族舞演员在舞台上展现的动作之所以具有审美价值和艺术魅力，是因为体现了“形、神、劲、律”的高度融合，这正是中国古典舞身韵的重要表现手段。“形、神、劲、律”作为身韵基本动作要素，高度概括了身韵的全部内涵。形，即外在动作，包含姿态及其动作连接的运动线路。神，即神韵、心意，是起主导支配作用的部分。劲，就是力，包含着轻重、缓急、强弱、长短、刚柔等关系的艺术处理。律，也就是动作本身的运动规律。这四大动作要素的关系经过劲与律达到形神兼备，内外统一。其规律是“心与意合、意与气合、气与力合、力与形合”。这都是精辟的概括与提炼，而这些文字又与元素性动作高度统一、协调，构成了具有中国特色的舞蹈美学理论。

1．形

形是指形体外部的动作。它表现为形形色色的体态，千变万化的动作及动作间的连接。凡是一切看得见的形态与过程都可以称之为“形”。形是形象艺术最基本的特征，是古典舞舞魅之依附，是古典舞之美的传达媒介。

众所周知，通过对传统艺术在审美特征和各种典型舞姿的剖析，得出了在“形”上必须首先解决体态上“拧、倾、圆、曲”的曲线美和“刚健挺拔、含蓄柔韧”的气质美。中国舞在人体形态上强调“拧、倾、圆、曲”，仰、俯、翻、卷”的曲线美和“刚健挺拔、含蓄柔韧”的内在气质。从出土的墓俑和敦煌壁画中不难看出这一点是由古至今、一脉相承、不断发展演变的，如秦汉舞俑的“塌腰蹶臀”，唐代的“三道湾”，戏曲舞蹈中的“子午相”、“阴阳面”、“拧麻花”，中国民间舞“胶州秧歌”的“辗、拧、转、韧”，“海洋秧歌”的“拦、探、拧、波浪”和“花鼓灯”的“斜塔”，武术中的“龙形猿步”、“八卦”等无一不贯穿着人体的“拧、倾、圆、曲”之美。掌握体态及造型的曲线美还需要具有相应的素质能力。因而它也是一种技法，人体的“拧、倾、圆、曲”是整体的形象。从局部来看，“头、颈、胸、腰、胯”，“肩、肘、腕、臂、掌”，“膝、踝脚、步”都有其特定的要求。

2．神

神泛指内涵、神采、韵律、气质。任何艺术若无神韵，就可以说无灵魂。在中国文艺评论中，神韵是一个异常重要的概念。无论谈诗、论画、品评音乐、书法都离不开神韵二字。在古典舞中人体的运动方面，神韵是可以认识的，是可以感觉的，正是把握住了“神”、“形”

才有生命力。

在心这一概念中，身韵强调内涵的气蕴、呼吸和意念。强调神韵，强调内心情感。在形与神的关系中，把神放在了首位，“以神领形，以形传神”，正是此意念情感造化了身韵的“韵”。可以说，没了韵就没了中国古典舞。没了内心情感的激发和带动，也就失去了中国古典舞最重要的光彩。

“心与意合、意与气合、气与力合、力与形合”。所谓 “心、意、气”，正是“神韵”之具体化。人们常说“眼睛是心灵的窗户”、“眼睛是传神的工具”、而眼神的“聚、放、凝、收、合”并不是指眼球自身的运动，恰恰是受内涵的支配和心理的节奏所表达的结果，这正说明神韵是支配一切的。“形未动，神先领，形已止，神不止。”这一口诀形象地、准确地解释了形和神的联系及关系。人们长期为中国古典舞的内在韵律感到神秘，虽然一个“圆”字是早被人们公认的，但它究竟是怎样的运动规律，身体及手臂的运行轨迹是怎样的，这是从事古典舞的人们长期困惑的问题。身韵创建者提出了“三圆运动”的理论。他们认为中国古典舞身体运动过程是沿着三个圆形在运动，这就是立圆、横圆、8 字圆。令人吃惊的是，这个扰人已久的问题竟这样轻而易举地被破译了，而且如此准确而简明。它立刻让人想到拉班的“球体运动”理论。它们有很近似的思路，又各自解释了各自的规律。原来真理是很单纯的。科学都是经历了“由浅入深”到“深入浅出”的过程。单纯的真理是艰苦探寻的结果，是长期积累，偶然得之。

3. 劲

“劲”即赋予外部动作的内在节奏和有层次、有对比的力度处理。比如，运动时“线中的点”（即“动中之静”）或“点中之线”（即“静中之动”），都是靠“劲“运用得当才得以表现出来的。中国古典舞的运行节奏往往和有规则的 2/4，3/4，4/4 式的音乐节奏不大相同。它有更多的情况是在舒而不缓、紧而不乱、动中有静、静中有动的自由而又有规律的“弹性”节奏中进行的。“身韵”即要培养舞蹈者在动作时力度的运用不是平均的，而是有轻重、缓急、长短、顿挫、符点、切分、延伸等的对比和区别。这些节奏的符号是用人体动作表达出来的，这就是真正掌握并懂得了运用“劲”。“劲”不仅贯穿于动作的过程中，在结束动作时的劲更是十分重要的。无论戏曲、芭蕾舞、武术套路都是十分重视动作结束前的瞬间节奏处理，中国古典舞更不例外，它有如下几种典型的亮相劲头：“寸劲”——体态、角度、方位均已准备好，运用一寸之间的劲头来“画龙点睛”。“反衬劲”——给予即将结束的体态造型的一个强度很大的反作用力，从而强化和烘托最后造型。“神劲”——切均已完成，而用眼神及肢体作延伸之感，使之“形已止而神不止”。除此之外，还有“刚中有柔”、“韧中有脆”、“急中有缓”等劲的区别。

4. 律

“律’这个字包涵动作中自身的律动性和运动中依循的规律两层含义。一般来说，动作接动作必须要“顺”，这“顺”是律中之“正律”，动作通过“顺”似乎有行云流水、一气呵成之感。“反律”也是古典舞律动中十分重要的因素，如“双晃手”，当臂向左晃时，身要有向右拉之势，才能显示动作的圆润与韵味。“不顺则顺”的“反律”可以产生奇峰叠起、出其不意的效果。一个动作和动势的走向分明是往左，突然急转直下往右，或者由向前突变向后等均是。这种“反律”是古典舞特有的，可以产生人体动作千变万化、扑朔迷离、瞬息万变的动感。从每一个具体动作来看，古典舞还有“一切从反面做起”之说，即“逢冲必靠、欲左先后、逢开必合、欲前先后”的运动规律，正是这些特殊的规律产生了古典舞的特殊审美性。无论是一气呵成、顺水推舟的顺势，还是“从反面做起”，都体现了中国古典舞的圆、游、变、幻之美，这正是中国“舞律”之精奥之处。

知识窗

中国古典舞——“圆形的艺术”

无论是建立于20世纪50年代初第一套规范化的中国古典舞基础教材中的八个手位和新敦煌学派的“反弹琵琶”、楚时的前后“三道弯”，还是中国古典舞身韵教材中的“云肩转腰”等，都有一个共同特点，那就是“万变不离其圆”，所以中国古典舞被称为“划圆的艺术”。

“中国舞蹈运动的核心就是‘圆形’。‘圆形’动律在中国古典舞中得到最充分、最集中的体现。”自古及今，提起中国古典舞的动态特征，人们常以“委婉曲折”、“闪转腾挪”、“龙飞凤舞”加以形容，这鲜明地刻画了古典舞“圆”的人体运动轨迹与情趣。在长期的实践中，舞蹈艺术大师们将这“圆形”的动态概括为八个字——圆、曲、拧、倾、收、放、含、仰。这八个字，集中体现了中国古典舞蹈的审美特征。当把中国古典舞与西方古典芭蕾相提并论时，通常用这八个字来谈论中国古典舞，这说明，“圆形”动律应是中国古典舞有别于其他舞种的本质特征。在中国古典舞中，无论是舞姿还是技巧都体现了这一元素。探海、喘燕、卧鱼仰胸等舞姿及仰身的辗转、旋转等技巧都包含了这一元素，如“穿胸刺肋”，关键在于“反平穿”时的“含”和“横拧”的仰，只有做到位，才能体现该动作舒展优美，富有节奏对比。

万变不离其圆，这就是中国古典舞的形体动态式样之主要特征。当然，“圆”绝非中国古典舞的唯一特征；但离开了“圆”的活动、“圆”的造型、“圆”的动作，就不能称其为中国古典舞。因为这“圆”包含着我国民族舞蹈含蓄的韵律风格；正是这“圆”蕴藏着中华民族几千年的传统文化。

拓展阅读

民族舞

民族舞泛指产生并流传于民间、受民俗文化制约、即兴表演但风格相对稳定、以自娱为主要功能的舞蹈形式。不同地区、国家、民族的民间舞蹈，由于受生存环境、风俗习惯、生活方式、民族性格、文化传统、宗教信仰等因素影响，以及受表演者的年龄、性别等生理条件所限，在表演技巧和风格上有着十分明显的差异。民间舞不乏朴实无华、形式多样、内容丰富、形象生动等特点，历来都是各国古典舞、宫廷舞和专业舞蹈创作不可或缺的素材来源。

民族民间舞是一个多层次的概念和可伸缩的界面，它可以包容各种程度的加工。民族舞是一个民族的标志物，是一个国家乃至一个民族的灵魂。它需要艺术家进行高度的再创造，从民间来最后又回到民间去，练习民族舞的好处有如下 5 点：①有较强趣味性；②培养舞者气质；③让人心情愉悦；④有益身心；⑤身心爽朗。

民间舞是由劳动人民在长期历史进程中集体创造，不断积累、发展而形成的，并在广大群众中广泛流传的一种舞蹈形式。民间舞蹈和人民的生活有着最密切的联系，它直接反映劳动人民的生活和斗争，表现着他们的思想感情、理想和愿望。由于各民族、各地区人民的生活劳动方式、历史文化心态、风俗习惯及自然环境的差异，形成了不同的民族风格和地区特色。世界上各个国家、各个民族都有各自不同风格特色的民间舞蹈。在欧洲芭蕾舞剧中的民间舞蹈一般称作代表性舞蹈或性格舞蹈，它经过舞蹈的专业加工，使其与芭蕾的风格相和谐、统一在一起。

实战训练

1．什么是中国古典舞？什么是古典舞身韵？
2．了解古典舞身韵的训练内容。
3．找一部自己喜欢的古典舞作品欣赏。

第二节　古典舞手型、手位、脚位及手臂动作

知识领航

古典舞的学习从手型、手位、脚位开始，再加上手臂的基本动作和连接舞姿，让大家对古典舞的基本形态有初步了解。本节通过介绍女班的手型、手位、脚位及手臂动作和组合训练，让大家形成挺拔的身姿，并能手、眼、身体协调动作。

一、基本手型、脚位

（一）手型

（1）兰花掌：五指挺直，虎口收紧，拇指向中指靠拢。（见图 2-1）
（2）虚拳：五指向掌心弯曲，握成空心拳，拇指内屈相接于食、中指间。（见图 2-2）
（3）单指：食指挺直，拇指与中指相接，内屈。（见图 2-3）

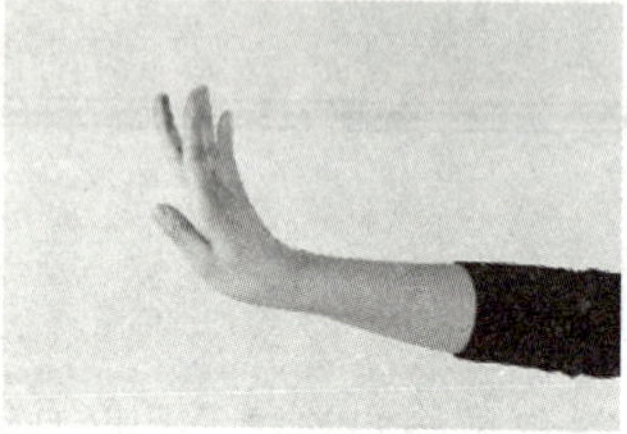
图 2-1

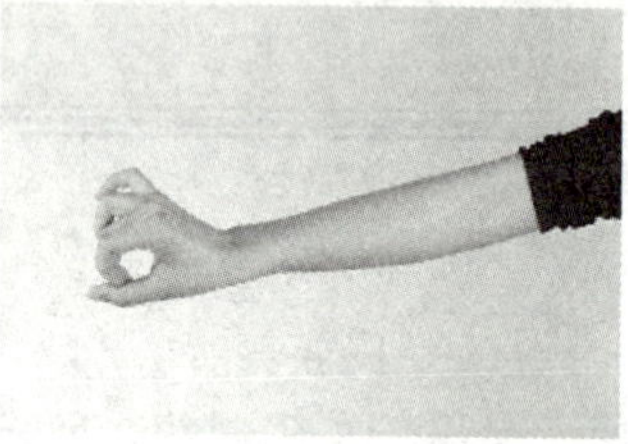
图 2-2

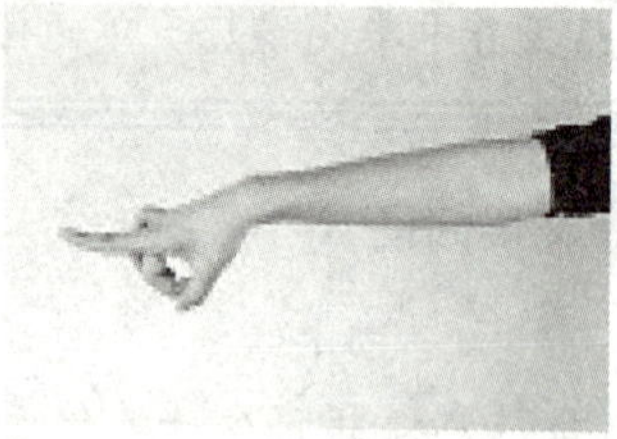
图 2-3

（二）脚位

（1）正步：两脚并拢，脚尖对正前方，重心在两脚上。（见图 2-4）
（2）丁字步：以左脚为例，左脚脚跟紧靠右脚脚窝处，夹角 90 度，两脚尖对斜前方，重心在两脚上。（见图 2-5）
（3）小八字步：两脚跟相靠，脚尖分开约一脚的距离，对斜前方，重心在两脚上。（见图 2-6）
（4）踏步：以左脚为例，左脚脚尖对斜前方，直膝站重心，右脚在后，前脚掌点地，膝盖微屈靠在左腿膝后。（见图 2-7）

（5）大掖步：以左脚为例，左腿屈膝半蹲，站重心，右腿直膝绷脚，脚背贴于地面，向左后方撤一大步，两大腿根部相靠。（见图 2-8）

（6）弓箭步：有旁、前之分。以左脚为例，旁：左腿向旁屈膝下蹲，右腿向旁伸直，全脚落地，脚尖对右前方，重心在两腿之间；身体左转 90 度为前弓箭步。（见图 2-9 和图 2-10）

（7）点步：有前、旁、后之分。以左脚为例，左腿直膝站重心，右腿直膝绷脚尖向前点地。旁、后点步：动作相同，方向不同。（见图 2-11）

（8）虚步：动作同点步，只是主力腿加半蹲。（见图 2-12）

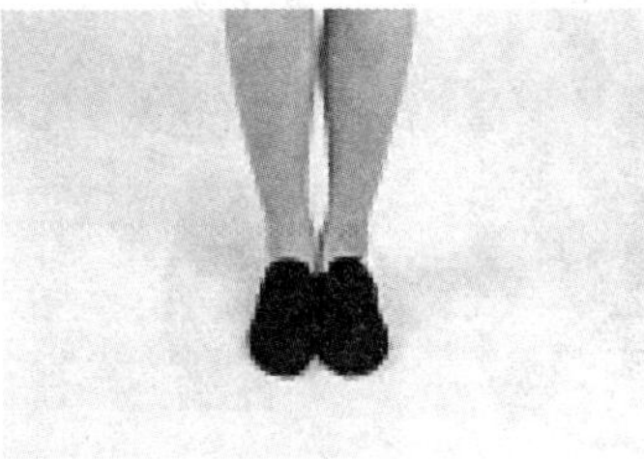

图 2-4

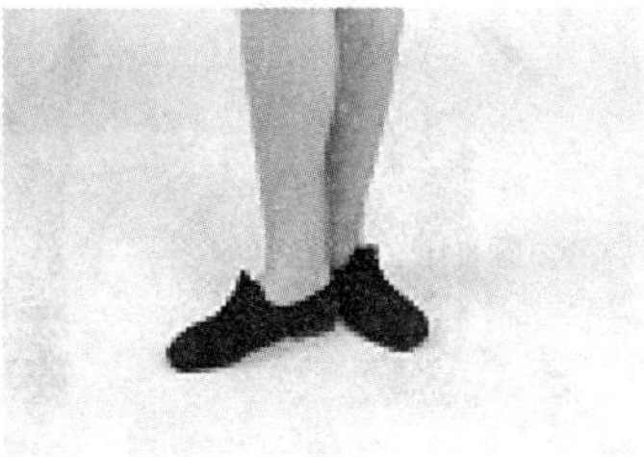

图 2-5

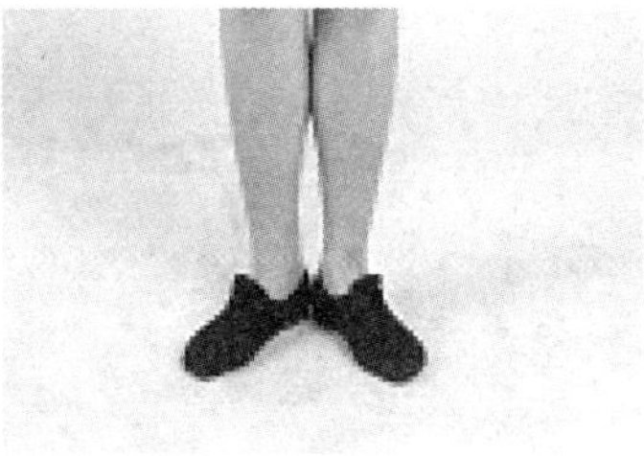

图 2-6

图 2-7

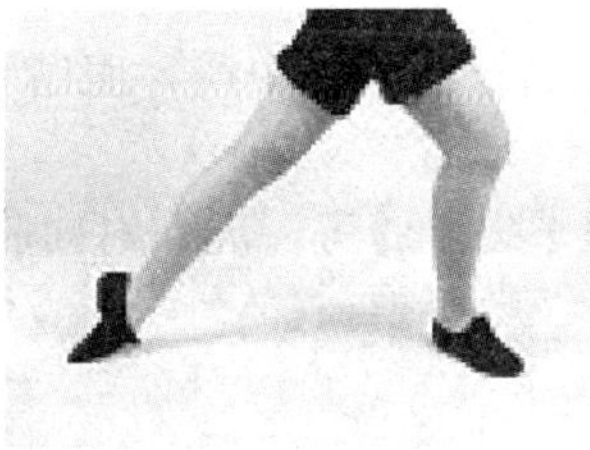

图 2-8

图 2-9

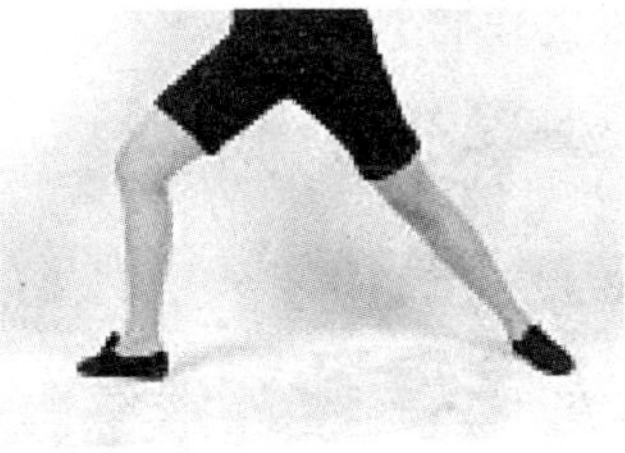

图 2-10

图 2-11

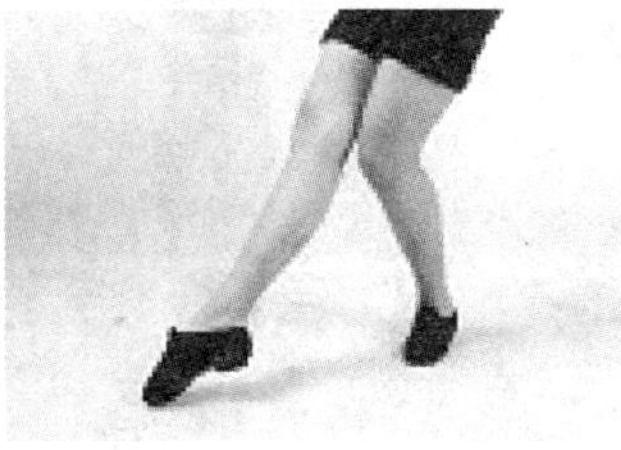

图 2-12

二、手臂基本动作、连接舞姿

（一）手位动作

丁字步，兰花掌背于身后准备。

（1）山膀：手臂成弧状，平抬于体侧，开度与胸持平，大臂与肩持平，小臂呈下滑弧线，扣腕手指向前，掌心对外，眼睛看 1 点方向。可做单山膀或双山膀。（见图 2-13）

（2）按掌：一手背于身后，一手臂呈下滑弧线，按于心窝处，掌心对体前下方，手与胸保持约 25 厘米，眼睛看 1 点方向。（见图 2-14）

（3）托掌：手臂呈弧状托于头上方，掌心向上，手边缘与前额在一条纵线上，眼睛看 1 点方向。可做单托掌或双托掌。（见图 2-15）

（4）托按掌：一手臂做按掌，另一手臂做托掌，眼睛看 1 点方向。两手臂可交换。（见图 2-16）

图 2-13

图 2-14

图 2-15

图 2-16

（5）山膀按掌：一手臂做按掌，另一手臂做山膀。眼睛看 1 点方向。两手臂可交换。（见图 2-17）

（6）顺风旗：一手臂做托掌，另一手臂做山膀，眼睛看山膀方向。两手臂可交换。（见图 2-18）

（7）双提襟：手臂呈弧形，握拳提于胯旁，虎口对向胯骨，手腕微扣，拳心向下，眼睛看 1 点方向。（见图 2-19）

图 2-17

图 2-18

图 2-19

（二）手臂的连接舞姿

手臂的连接动作是指手臂在到达各个手位过程中的运行方式，中国古典舞的手臂连接动作主要有以下一些。

（1）撩掌：手背向上，用手腕由下至上动作。（见图 2-20）

（2）盖掌：保持兰花掌，手心向下由头上方向下按。（见图 2-21）

（3）切掌：保持兰花掌，手由头上方，用手的外缘向下切。（见图 2-22）

（4）摊掌：手臂由体前向外翻掌，掌心向上往旁摊开。（见图 2-23）

（5）端掌：掌心向上，手臂由下方端至胸前。（见图 2-24）

（6）穿掌：一手盖掌至胸前在外，另一手端掌在里至上，而后两边打开。（见图 2-25）

图 2-20

图 2-21

图 2-22

图 2-23

图 2-24

图 2-25

（7）摇臂：双臂伸直，手心向外，由手臂带动左右拧身，双臂前后相对地在身旁由上至下立圆划圈，手臂向下时压腕，向上时提腕。（见图 2-26 和图 2-27）

图 2-26

图 2-27

（8）双晃手：双臂与肩同宽，以腕为轴，腕主动，由旁下向上划弧线，提腕，手指向下，掌心向里；向下划弧线，压腕，指尖向上，掌心向外；路线要圆、连贯。幅度有大小之分。（见图 2-28、图 2-29 和图 2-30）

图 2-28

图 2-29

图 2-30

（9）盘腕：以腕为轴，手心向上，手掌向上绕一周为上盘腕；向下绕一周为下盘腕。（见图 2-31 和图 2-32）

图 2-31

图 2-32

（10）小五花：双手手腕相对，以腕为轴，上下交错各做一个完整的盘腕动作。（见图 2-33、图 2-34 和图 2-35）

图 2-33

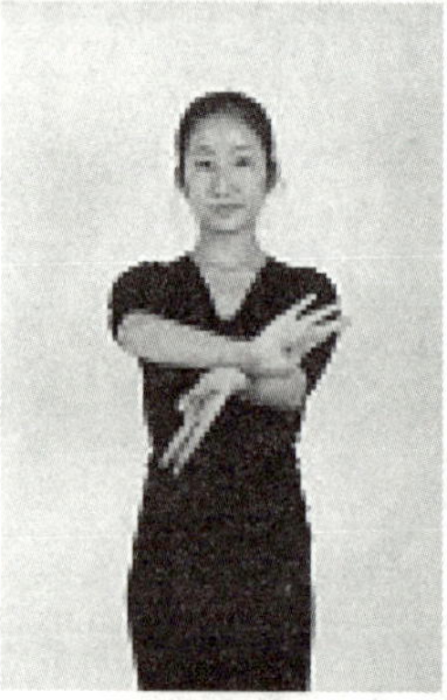
图 2-34

图 2-35

（11）云手：以右手为例。右手山膀，左手端掌于左胸前开始，右手臂掌心对下由外向里划平圆，同时左手掌心对上由里向外划平圆，经胸前交叉，掌心相对，成右上左下，然后由左向右晃手下。（见图 2-36、图 2-37、图 2-38 和图 2-39）

图 2-36

图 2-37

图 2-38

图 2-39

三、手位组合练习

音乐用 2/4 拍，舒缓、优美的。

（1）准备姿态：丁字步，面对 2 点方向，眼看 1 点，兰花掌背于身后。

（2）动作分解：

[1]1—4 右手从体后撩至平肩手；5 单山膀亮相；6—8 保持。

[2]1—4 右手向头顶撩起；5 托掌亮相；6—8 保持。

[3]1—4 右手向胸前切下；5 按掌亮相；6—8 保持。

[4]1—4 右手不动，左手向头顶撩起；5 托按掌亮相；6—8 保持。

[5]1—8 左手从左下压，双晃手一圈半。

[6]1—8 左手按掌，右手山膀亮相，保持。

[7]1—4 右手在上，小五花一次；5—8 云手一次。

[8]1—8 双手交叉撩至左手山膀的顺风旗，亮相。

第二段动作相同，方向相反。

（3）学法指导：

在完成手位组合时，站姿要挺拔，手型始终保持兰花掌，手位动作要规范、到位。手臂不能太直，也不能太弯，要保持长圆的弧度。所有的动作要有力度和柔韧性，要柔中带刚。所有的过程动作，手臂一定要拉长，向远处延伸，眼睛跟着手走，亮相时眼睛要有神，看 1 点方向。

知识窗

中国古典舞中水袖的运用

“袖”舞艺术作为东方舞蹈文化中最具特色的一种舞蹈艺术表现形式，它既具有服饰文化的概念，在舞蹈中又是一种舞蹈道具，具有东方舞蹈文化艺术的属性。这种“袖”舞艺术在西方自身的舞蹈艺术中是罕见的。“袖”舞是东方舞蹈的一大创造。“袖”的运用，除延长了人的肢体，大大扩展了身体的表现力外，还通过舞者手臂、手腕、腰、腹、身、肢等不同力量、不同幅度的运动，使“袖”缭绕空际，变换着无数形态，其传情丰富、鲜明，超过了许多表情手段。“袖”的徐缓、抑扬、飘忽、回旋所产生的形式美，完全可以把人们引入一个非物质的境界之中，赋予“袖”舞的人文精神内涵和意蕴，展现了“袖”舞的魅力和光环。

拓展阅读

汉唐舞蹈

汉代正处于封建社会的上升时期，经济发达，国力强盛，国内各民族之间交往频繁，因此是中国乐舞艺术发展大繁荣的时代。

汉代盛行“百戏”，这种艺术形式包括杂技、武术、幻术、滑稽表演、音乐表演、演唱、舞蹈等多种民间技艺的串演。“百戏”又泛称“角抵戏”。其中最著名的舞蹈有《七盘舞》(或称《盘鼓舞》)、《巾舞》、《袖舞》、《建鼓舞》等。还有表现特定人物和一定故事情节的《东海黄公》等表演节目。

汉朝宫廷设置了两种乐舞机构：一是“太乐”，掌管宗庙祭祀的雅乐；二是“乐府”，以搜集民间乐舞并进行加工，整理后，供皇帝娱乐。这些乐舞机构的建立对汉代乐舞的发展起到了积极的推动作用。

唐代是我国历史上乐舞艺术高度繁荣和发展的时期。由于唐朝国力强盛，政治稳定，经济繁荣，对外贸易发达，文化交流频繁，为乐舞艺术的繁荣发展奠定了基础。另外，唐代继承了隋代的乐舞，留用了前朝的艺术家，乐舞制度依旧。如隋的《九部乐》开始也按原样演出，后来又加了一部《燕乐》，发展为《十部乐》。《十部乐》除《燕乐》和《清商乐》是汉族的乐舞外，其他八部都是来自中外各地的民族民间乐舞。它们分别是《西凉乐》、《天竺乐》、《高丽乐》、《龟兹乐》、《安国乐》、《疏勒乐》、《康国乐》和《高昌乐》。

唐代表演性的舞蹈又分为健舞和软舞两大类。健舞的舞姿矫健钢劲；软舞的舞姿轻盈柔婉。健舞有《剑器》、《柘枝》、《胡旋舞》、《拂林》、《大渭州》、《阿辽》、《黄獐》、《达摩支》、《杨柳枝》等。软舞有《绿腰》、《兰陵王》、《团圆旋》等。

实战训练

1. 能正确、规范地做出中国古典舞的手型、脚位、手位和手臂连接动作，并能说出名称。

2. 能合上音乐，熟练、优美地表演手位组合。

第三节 呼吸提沉

知识领航

中国古典舞中所谓的“提沉”是指一种呼吸的方法，这种呼吸与生活中自然状态的呼吸既有相同点又有不同点。相同点是它们都是人类器官的呼和吸，不同点是“提沉”是被艺术加工了的呼吸，它是用意念去控制呼吸的方法。呼吸与动作是紧密结合的，它是专业表演所需要的有控制的呼吸。本节就训练大家有控制地呼和吸，让大家的动作不再僵硬，更有生命力，也为后面学习其他动作元素打好基础。

一、单一动作练习

（一）基本动作

（1）坐姿：臀部全着地，双腿盘于身前，开胯。后背自然垂直，肩胸放松，眼平视，手腕搭于膝盖上，双肘放松，也可双手背于身后，肘尖下垂。（见图 2-40）

（2）沉：在坐的姿态上通过呼气使气息下沉，感觉气没丹田，以沉气之力带动腰椎从自然垂直状态一节一节下压而形成胸微含、身微弯状，在此过程中眼皮随之沉气而徐徐放松。（见图 2-41）

（3）提：在“沉”的基础上深吸气，感觉气由丹田提至胸腔，同时以胸之力带动腰椎由微弯状一节一节直立，感觉头部顶向虚空。提至胸腔之气不能静止憋住，应该随着“头顶虚空”而感觉向上延伸，同时眼皮也从微松状逐渐张开，瞳孔以气之力放神。（见图 2-42）

图 2-40

图 2-41

图 2-42

（二）动作要求

（1）“提沉”是联系起来之称，事实上动律必然是先“沉”而后“提”。

（2）“提”是从尾椎到颈椎伸直的状态，是自然伸直，肌肉并不僵硬。

（3）“沉”是从尾椎到颈椎完全放松向前下沉，每一个小关节都弯曲下沉。

（4）“提沉”是身体的上下动律。

（5）练习时可先练慢呼慢吸（8 拍一次或 4 拍一次），再练快呼快吸（2 拍一次或 1 拍一次）。

二、提沉组合练习

音乐用 2/4 拍，舒缓、优美的。

(一) 准备姿态

坐姿，眼看 1 点，双手背于身后。

(二) 动作分解

预备拍：5—8 慢呼下“沉”， 形成胸微含，身微弯状。
[1]1—8 慢吸上“提”。
[2]1—8 慢呼下“沉”。
[3]1—8 同[1]。
[4]1—8 同[2]。
[5]1—4 慢吸上“提”；5—8 慢呼下“沉”。
[6]同[5]。
[7]1—2 快吸上“提”；3—4 保持；5—6 快呼下“沉”；7—8 保持。
[8]1—7 慢吸上“提”；8 快呼下“沉”。
[9]1—8 慢吸上“提”，同时双手从体后撩至平肩手。
[10]1—8 慢呼下“沉”， 同时双手回到身后。
[11]同[9]。
[12]同[10]。
[13]1—8 慢吸上“提”，同时双手从体后撩至平肩手。

[14]1—7 慢吸上“提”，同时双手从平肩手向上至撩掌；8 快呼下“沉”，同时双手交叉下沉。

[15]1—3 快吸上“提”， 同时双手打开至双山膀亮相；4 快呼下“沉”，同时双手放松，由内向外下盘腕；5—7 快吸上“提”， 同时双手成摊掌亮相；8 快呼下“沉”，同时双手放松下沉。

[16]1—4 慢吸上“提”，同时双手撩至平肩手；5—8 慢呼下“沉”，同时双手回到身后。

[17]1—4 慢吸上“提”，同时右手撩至平肩手；5—8 慢呼下“沉”，同时右手回到身后。

[18]1—4 慢吸上“提”，同时右手向上至撩掌；5—8 慢呼下“沉”，同时右手至切掌。

[19]1—7 慢吸上“提”，同时右手慢慢至按掌亮相；8 快呼下“沉”， 同时右手放松下沉。

[20]1—4 慢吸上“提”，同时右手向头顶上拎起；5—8 慢呼下“沉”，同时右手放松落下至身后。

[21]同[17]换左手。
[22]同[18]换左手。
[23]同[19]换左手。

[24]1—4 慢吸上“提”，同时左手向头顶上拎起；5—7 慢呼下“沉”，同时右手放松落下至身后；8 慢吸上“提”，眼看前方亮相。

(三) 学法指导

(1)“提沉”过程要连贯，无论是上提还是下沉，都不要憋气，要如行云流水，连绵不断，如气流经过的感觉。

（2）呼吸要贯穿动作的始末，使动作圆润流畅。

（3）一定不要动作带动气息，而要气息带动动作，让动作充满生命力。

知识窗

中国古典舞——“刚柔并济的艺术”

中国古典舞“刚柔动静统一”，动作讲究起伏迭宕，有动有静，在行云流水般的动作之中穿插“亮相”，并以刚柔并济、具有韧性著称。这一特点使中国古典舞的动作与动作之间形成强烈对比和映衬，使之具有高度的含蓄性和想象力，并赋予舞蹈者的形体动作以言犹未尽的如诗魅力。这种魅力在古典舞表演中主要体现在“劲头”上。所谓“劲头”就是唐满城教授所指出的：“即赋予外部动作的内在节奏和有层次、有对比的力度处理。比如，运动时‘线中的点’（即‘动中之静’）或‘点中之线’（即‘静中之动’），都是靠劲头运用得当才得以表现的。”这种“劲头”在古典舞表演中体现在区别运用“寸劲”、“反衬劲”和“神劲”，这对古典舞的表演来说十分重要。

拓展阅读

中国古典舞剧目的演变与发展

《荷花舞》、《飞天》、《春江花月夜》，它们都被誉为中华民族 20 世纪 50 年代古典舞中的经典作品。它们取材于民间或是敦煌壁画中的舞蹈形象，内容上充分展示了中华民族的深厚文化底蕴，但剧目的语言特征和结构形式还停留在最初的基础上，如《荷花舞》中，编导运用了戏曲中的圆场作为整个舞蹈的基本步伐，营造出各种队形的变化，演员们利用它在台上川流不息的流动、轻盈、浮动，紧紧地抓住了荷花亭亭玉立的形象。但整个舞蹈动作平淡，没有体现出古典舞自身的动作特征，脚下步伐单一，仅是运用一些戏曲中的基本步伐圆场、云步来配合简单的手臂动作，因此上身动作受到很大局限。再如《飞天》，创编者在壁画上得到灵感，通过结合戏曲中的袖舞对其进行再加工创造，创作出超凡脱俗的仙女形象。舞蹈中演员利用长绸的优势加上跳、转等技巧，使得整个舞蹈画面更加圆润、流畅，好似仙女在空中飞旋，这个作品的成功与戏曲分不开，有了其绸舞做语言动作基础才使整个舞蹈引人入胜。相比之下《春江花月夜》的创作更加体现了戏曲对古典舞的作用，它运用中国古典音乐中的名曲，在动作语言上全部采用戏曲中的动作、姿态、造型，来体现古典风韵的舞蹈形象，作品最成功的地方是整个舞蹈跟着音乐的感情的变化而舞，演员的表演细腻、抒情，刻画了少女对美好夜晚的体验，让舞蹈充满意境。从以上这些作品看来，舞蹈的形式和语汇还都较为贫乏，离不开戏曲的动作语言的阴影，作品中的基本步伐、技巧都来源于戏曲，所谓真正意义上的中国古典舞语言的特征并不深刻，古典舞动作语言体系还停留在最初的层面上，而且每部作品的内容、风格在神韵上也很不一致，创作者们分别都在做大量的、多种多样的尝试，大家在摸索中前进，剧目的创作结构也比较单一、平淡。古典舞要成为一门独立的艺术形式，必须从戏曲舞蹈程式、规律中解放出来，特别是动作语言，舞蹈不是像戏曲一样说故事，演哑剧，贫乏的动态语言和单一的舞蹈结构制约了中国古典舞的前进步伐，怎么把剧目中的动作语言舞蹈化，走出戏曲舞蹈的束缚成为发展的必经之路。

舞剧《宝莲灯》、《小刀会》的成功，使得中国古典舞进入一个新的阶段。《宝莲灯》根据传统戏曲剧目改编，里面的舞蹈语言主要来自戏曲动作，将哑剧手段尽可能舞蹈化，同时舞剧里还借鉴了戏曲里的道具，运用了长袖和长绸，剑使情节更加紧凑，剧情更加明晰，但整个作品中哑剧的痕迹还过重，使人看了不过瘾，对双人舞结构处理完全还很生疏，中国舞剧界认为《小刀会》为《宝莲灯》的发展和延伸，它在语言特征和结构层次上都更上了一层。主要体现在情节处理方面，舞剧运用了章回体、倒叙的方法，这种结构形式使观众眼前一亮，使舞剧的结构更为丰富。另外，更注重对独舞、双人舞的处理，使人物的性格更加突出，在取材上，大胆地运用了现实题材，更加贴近观众，舞剧中演员还展现了大量戏曲舞蹈中的技巧，这些动作的运用开发，都表明中国古典舞在不断探索求新，逐渐蜕变，它为中国古典舞舞剧奠定了基础，但是中国古典舞再也不能依赖于戏曲，必须形成属于自己的训练体系及动作语言结构。

进入 20 世纪 90 年代，古典舞剧目更是犹如雨后春笋般茁壮成长。剧目的结构形式也开始有多种分支，不再只跟随一种时代的潮流而发展，从一元走向多元。主要有技巧型、抒情型、叙事型，还有一种追求意境写意型的舞蹈结构形式出现，它们都在这个时代占了一席地位，纷纷创作出了具有代表意义的经典之作。《醉鼓》塑造潇洒的舞蹈形象，是传统戏曲中“小生”造型的巧妙结合，其中“横拧、旋腕握拳”的人物形象与戏曲中武松打虎的形象巧妙结合，表现出了人物豪迈奔放、潇洒威武的气质，使舞蹈既有浓郁的民族风格又摆脱了戏曲的模式，有较强的舞蹈性。古典舞《醉鼓》可谓是这种阳刚组的代表之作。在《醉鼓》中，最经典叫绝的是舞蹈不仅以民间舞鼓子秧歌的动作作为基本舞蹈语汇给予表现的，而且演员运用高难技巧表现征服了观众，这些技巧都是古典舞中独有的艺术特色，舞蹈结构具有鲜明的民族风格和时代气息。紧接着出现了《秦王点兵》、《秦俑魂》等类似剧目，作品抓住了古代秦俑刚硬、强悍的特点，随着音乐鼓点的不断潮涨，利用演员惊人的技术技巧，让舞蹈从头到尾都扣人心弦，里面的空中摆腿跳、拧旋子、转体横飞燕等技巧都是演员基础功夫的试金石，不仅如此，在人物刻画上，演员还要把俑、人、魂的三个关系处理得天衣无缝，把三者的神聚集到一起，使观众感觉到中国古典舞不仅在动作上的震撼力，还有在表演艺术上的魅力。到了 21 世纪技巧技术的发展已经在古典舞剧目中占了重要地位，古典舞的动作语言以技术技巧的难度、高度为根本，另外《竹梦》、《传说》、《练》这类剧目的出现，改变了传统观念上舞蹈表演的性别之分，不是男就是刚女就是柔，根据现代舞里面的程式没男女之分，演员能表现任何强度、柔度、力度的动作，互相体现阴柔阳刚之美。古典舞剧目在近几年的动态语言表现上打破了“性别”色彩的束缚，男能柔，女能刚，在技术技巧和表演上互相融合，极大地丰富了男女演员在舞蹈中的动作语汇，无论从审美还是演员的素质要求都得到了很大冲击。

近几年舞蹈比赛中流行当代舞这个新名称，它不同于古典舞、民间舞、现代舞那么纯粹直接，而是将其融合，它常常根据表现内容和塑造人物的需要，借鉴和吸收各舞蹈流派的各种风格、各种舞蹈表现手段和表现方法，兼收所用，从而创作出不同于已经形成的各种舞蹈风格的、具有独特新风格的舞蹈。初以为《一片羽毛》、《让梦随云而去》等一类剧目属古典舞范畴，但它却归属于当代舞，特别是其中的韵律与古典舞相似，《让梦随风而去》犹如当年的《风吟》，轻盈、飘逸的技巧，行云流水的动作瞬间静止，或是静止后再次流动，一举一动传递着舞者内心的思想感情，只通过舞蹈本体的功能抒发主题，整个作品就抛开古典舞的束缚，很好地与现代舞结合，力与气的运用发挥到极致。

从 20 世纪 50 年代至今，中国古典舞剧目经过了一个又一个的时代浪潮，我们看到了它的发展和成功，同时也看到了许多存在的问题，我们要保留住中国古典舞这一国粹，将其发扬光大，必须不断在传统基础上创新，在剧目结构和形式上充分地注重抒情、写意、象征等抽象表现型富有东方韵味的古典舞剧目，使中国古典舞神韵将古典舞的语言带入了一种更深邃的文化风格语境。

实战训练

1. 能正确掌握中国古典舞“提”和“沉”的方法，并将它运用到舞蹈动作当中。
2. 能合上音乐，熟练、优美地表演呼吸提沉组合。

第四节 基本动律元素

知识领航

任何一种训练都是从属于某种舞蹈形式需要的，任何一种舞蹈形式也必须有它自己的训练体系。身韵教学法便是古典舞的训练体系，而身韵教学法将训练“身法”和陶冶“神韵”相结合，把“形、神、劲、律”作为古典舞动作元素，并将它们结为一体，在教学中要求动作达到振其形、摄其神、模其劲、顺其律，作为实现身韵教学的目的。在古典舞训练中，从头至尾都贯穿着身韵练习中的基本元素，除了上一节练习到的“提”和“沉”，还有本节要介绍的“冲”、“靠”、“含”、“腆”、“横移”、“旁提”和“拧身”。这些动律元素无论是对人体中段的肌肉或是呼吸都各有其独到而不同的训练价值，确定了以腰为核心，强调中段训练的重要性，突出体现了中华民族“中和之美”的美学原则。本节就带着大家来练习这些元素，让大家初步掌握古典舞“形、神、劲、律”走向统一的诀窍。

一、单一动作练习

（一）基本动作

准备姿态：坐姿，眼看 1 点方向，双手手腕搭于膝盖上，双肘放松。

（1）冲：在“沉”的过程中，用肩的外侧和胸大肌向 8 点或 2 点方向水平冲出，肩与地面保持水平线，切记上身不要向前倾倒，感觉腰侧肌拉长，头与肩相反，肩向左冲，头略向右偏，眼和冲的方向一致。（见图 2-43）

（2）靠：首先“提”，然后在“沉”的过程中，用后肩部及后肋侧带动上身向 4 点或 6 点方向“靠”出，感觉前肋往里收，后背侧肌拉长，要求肩与地面保持水平拉出，绝不能有躺倒之感，身如向右靠，头则微向左转，眼平视放神，头及颈部略向下梗。（见图 2-44）

（3）含：过程和“沉”一样，但加强胸腔的内收，双肩向里合挤，腰椎形成弓形，空胸低头。“里含”不是旁腰，而是感觉双肩里合与胸腔收缩，可用双手抱肩寻找感觉。（见图 2-45）

（4）腆：和“含”相反的动作，在“提”的过程中，双肩向后掰，胸尽量前探，头微仰，使上身的肩胸完全舒展开。（见图 2-46）

图 2-43

图 2-44

图 2-45

图 2-46

（5）横移：肩部在腰的发力下，向左或右的正旁移动，与地面成横的水平运动，首先经

过“提”，然后在“沉”的过程中以腰发力，用肩带动向旁拉长腰肋肌，头与运动方向相反。（见图 2-47）

旁提：在“沉”往上“提”的过程中，身体由下经“移”往上的上身弧线运动，动作过程中注意以腰带肋，以肋带肩，一节一节往上提，最后形成旁提状。头在旁提的过程中要随着旁提的动律转动 180 度，眼睛也要经过环视屋脊线的 180 度巡视。（见图 2-48）

拧身：下身固定，上身做回旋运动。（见图 2-49）

图 2-47

图 2-48

图 2-49

（二）学法指导

（1）如果说“提沉”是“上下”动律，那“冲靠”就是“斜移”动律，“含腆”则是“前后”动律。

（2）“横移”是腰肩进行的左、右水平运动，要有不断的延伸感，它和“上下”（提沉）、“斜线”（冲靠）、“前后”（含腆）动律构成腰部动律的全方位规律。

（3）“旁提”要提到最大限度，最后让身体成弯月状，并强调整个身体由上往下的伸长感，绝不等同于下弯腰。

（4）这类元素练习如同基本功中的把杆动作一样，需要反复练习，而且练习的方式也是多样的，可在坐的练习基础上站立起来和各种脚的位置结合起来练习。

二、组合练习

用 2/4 拍，舒缓、优美的音乐。

（一）准备姿态

坐姿，眼看 1 点方向，双手手腕搭于膝盖上，双肘放松。

（二）动作分解

预备拍：5—8 慢呼下“沉”， 形成胸微含，身微弯状。

[1]1—4 慢吸上“提”，5—8“冲”向 8 点方向，眼看 8 点方向。

[2]1—4 慢吸上“提”，5—8“靠”向 4 点方向，眼看 2 点方向。

[3]1—8 同[1]。

[4]1—8 同[2]。

[5]1—4 慢吸上“提”，5—8“冲”向 2 点方向，眼看 2 点方向。

[6]1—4 慢吸上“提”，5—8“靠”向 6 点方向，眼看 8 点方向。

[7]同[5]。

[8]同[6]。

[9]1—2 左“移”7 点方向，3—4“冲”8 点方向，5—6“腆”1 点方向，7—8“冲”2 点方向。

[10]1—2“移”3 点方向，3—4“靠”4 点方向，5—8“含”5 点方向。

[11]动作同[9]方向相反。

[12]动作同[10]方向相反。

[13]1—4 慢吸上“提”，5—8 左“移”，眼看 1 点方向。

[14]1—4 慢吸上“提”，5—8 右“移”，眼看 1 点方向。

[15]1—4“腆”1 点，5—8“含”5 点方向。

[16]1—4“腆”1 点，5—8“含”5 点方向，双手后背。

[17]1—4 慢吸上“提”，左臂屈肘向 8 点方向伸出，掌心向上提压腕，5—8“冲”向 8 点方向，左手绕腕压腕按掌收于胸前，眼看 8 点方向。

[18]1—4 慢吸上“提”，左手提腕，5—8“靠”向 4 点方向，左手伸向 8 点方向，掌心向上，眼看 2 点方向。

[19]动作同[17]方向相反。

[20]动作同[18]方向相反。

[21]1—2 吸气“提”，右手掌心由上变下，3—4“含”，右手由右腰间“掏手”，5—8 以腰为轴，上身 180 度从左向右转至“腆”，右手贴着身体从右向左划一个平圆，掌心向上。

[22]1—2“含”，3—8 以腰为轴，上身 180 度从右向左转至“腆”，右手反方向划一个平圆回到原位，掌心向下。

[23]动作同[21]方向相反。

[24]动作同[22]方向相反。

（三）学法指导

（1）在实际练习中，“冲”、“靠”、“含”、“腆”、“横移”、“旁提”和“拧身”所有这些元素都是不可分割的整体，特别是“提”、“沉”两个元素，是贯穿一切动作始终的。

（2）每一个元素都需要一定的能力和充分的内涵，因此要不断学习和练习，运用自如后才能产生身体的韵律感。

知识窗

《春江花月夜》中国古典舞作品赏析

舞蹈编导：栗承廉。

舞蹈音乐：诸信恩根据同名乐曲改编。

舞蹈首演：1957 年北京。

首演团体：北京舞蹈学校。

首演演员：陈爱莲。

荣获奖项：1962 年荣获第八届世界青年与学生和平友谊联欢节舞蹈比赛金质奖章；1994 年荣获中华民族 20 世纪舞蹈经典评比经典作品奖。

《春江花月夜》是中国古典音乐名曲中的名曲，是中国古典音乐经典中的经典。它的前身是一首著名的琵琶独奏曲，原名叫《夕阳箫鼓》。

在中国传统文化中，春、江、花、月、夜这五个字代表着人生历程中的五个重要良辰美景，可以想象诗乐作品取名“春江花月夜”是多么富有诗意，《春江花月夜》的音乐和文学作品之所以流传百世，就在于作品表现出来的意境是那么幽美深邃。意境是艺术中一种情景交融的境界，是艺术中主客观因素的有机统一。意境中既有来自艺术家主观的“情”，又有来自客观现实升华的“境”，这种“情”和“境”不是分离的，而是有机融合在一起的，境中有情，情中有境。

在女子独舞《春江花月夜》中流露出同样的幽美深邃之意境：“春光明媚，鸟语花香，江水中月影、人影、花影重叠，夜静中，鸟儿扑翅飞去”（见游惠海《喜看几个民族舞蹈》，载于《人民画报》1978 年第 8 期）。舞蹈表现了一位古代少女在春天的月夜漫步于江边花丛中，触景生情，幻想着自己将来美满幸福的爱情生活。舞者身穿蓝色衣裙，双手持白色羽毛折扇，舞蹈动作语汇全部采用的是中国古典舞蹈风格的动作、姿态和造型，通过“闻花”、“照影”、“听鸟鸣”、“学鸟飞翔”及“想象中的爱情幸福”等情节，表现出特定环境和人物的思想感情。

拓展阅读

舞蹈家陈爱莲介绍

中国舞蹈艺术家陈爱莲老师是中国当代舞蹈史上里程碑式的人物，胡锦涛曾表示陈爱莲是中国舞蹈界的奇迹。

陈爱莲系广东番禺人，出生于上海。1952 年从上海一心孤儿院考入中央戏剧学院附属舞蹈团。

1954 年考入中国第一所舞蹈学校，1959 年各科均以全优成绩毕业，同年主演了中国第一部芭蕾舞与中国舞蹈相结合的舞剧《鱼美人》而一举成名，成为当时中国最年轻的舞蹈家之一。

1959—1963 年任北京舞蹈学院毕业班教员，从事四年的教学工作。此间曾参加了“中国古典舞教学法”的编辑工作，并向全国教师示范表演此教材（现仍是舞蹈学院教材。）1963 年调入中国歌剧舞剧院任主要演员。

从 1957 年起，先后主演了舞剧《张羽与琼莲》、《鱼美人》、《红旗》、《白毛女》、《小刀会》、《文成公主》、《红楼梦》、《牡丹亭》、《繁漪》、《霸王别姬》等，是中国主演舞剧最多的舞蹈家。

1980 年，举办了中国首次个人舞蹈晚会——《陈爱莲舞蹈晚会》，运用了中国古典舞、芭蕾舞、中国舞、中国民间舞、外国民间舞及现代舞的表现手法创造性地进行了表演，成功塑造了古、今、中、外 10 个性格鲜明的女性形象，她的表演精巧、美丽、情舞并茂，受到广大观众和文艺界的高度评价。

陈爱莲曾在中国最有权威的报刊——《人民日报》、《光明日报》、《北京日报》、《北京晚报》、《舞蹈研究》、《文化与生活》、《舞蹈》等发表过"论中国古典舞的继续和发展"、"无声的语言"、"谈《蛇舞》"、"化舞为情、以情为舞"等舞蹈论文及评论文章。1989 年，中国文化部批准了中国第一个以个人名字命名的艺术团——陈爱莲艺术团。陈爱莲任艺术总监和团长。1991 年率团出访过美国，为安徽水灾和纽约华人社团筹款义演。1992 年率团访问中国澳门，为第三届全国残疾人运动会筹款义演，得到美国和中国澳门人士的好评。1995 年，经文化局和市教委批准成立了陈爱莲舞蹈学校，陈爱莲任校长。1997 年再度演出了大型民族舞剧《红楼梦》。通过多年丰富的艺术实践，陈爱莲形成了自己的鲜明艺术特色，成为中国最有影响力的舞蹈艺术大师，她曾多次作为中国艺术团的首席舞蹈家出访过俄罗斯、美国、法国、西班牙、比利时、德国、丹麦、芬兰、瑞典、意大利、挪威、中国香港等数十个国家和地区，她所表演的舞蹈受到了广大观众的欢迎和舆论界极高的评价，认为陈爱莲的舞蹈"是无法用语言形容的艺术"、"天衣无缝、出色绝伦"。她本人被称为"东方舞蹈女神"。

实战训练

1. 能正确、规范地做出"冲"、"靠"、"含"、"腆"、"横移"、"旁提"和"拧身"这些单一动作，并能说出名称。
2. 能合上音乐，熟练、优美地表演综合组合。
3. 欣赏陈爱莲版的《春江花月夜》。

第五节　综合身韵组合训练

知识领航

舞蹈真正的生命不光是静止的"形"，而在于运动的过程。"韵"作为中国古典舞的舞魂，在瞬息万变的运动中更能体现出舞蹈真正的生命。“身韵”以它时代风格的古今适用，动作形态的丰富多彩，以及很强的舞蹈性同民族审美特征相结合的特点，而给中国古典舞赋予了新的生命。身韵组合训练更是舞蹈训练中必不可少的一个重要环节，是“技术技巧、功能素质”与“民族风格、韵律语言、审美内涵”向完善化过渡和融合所必不可少的阶段。

一、组合练习

音乐用 2/4 拍，舒缓、优美的。

（一）准备姿态

左丁字步，双手背于体后，身体对 2 点，面对 1 点。

（二）动作分解

预备拍：“沉”。

[1]1—4“提”，右手从体后打开至平肩手；5 右手山膀亮相；6—7 保持；8“沉”右手放松，双膝微弯。（见图 2-50）

[2]1—4 双手后摇臂一次，同时右脚向后一小步；5 脚下踏步，右手托掌，左手掌心向下，左胯旁亮相；6—7 拍保持；8 右脚收回，五位立。（见图 2-51 和图 2-52）

图 2-50

图 2-51

图 2-52

[3]1—4“沉”，左手向上拎起，右手向下至按掌位，同时左脚绷脚前点，右腿半蹲；5 托按掌亮相；6—8 拍保持。（见图 2-53 和图 2-54）

图 2-53

图 2-54

[4]1—4 云手，同时重心向前移向左腿，成大掖步；5 顺风旗亮相；6—8 保持。（见图 2-55、图 2-56 和图 2-57）

图 2-55

图 2-56

图 2-57

[5]1—4 左手盖手，右手穿手向右后上方，同时屈膝，右脚收回，与左脚分腿站，重心移向站直右腿，左脚绷脚点地；5 右手经盘手回穿手位，右脚后撤一步成踏步蹲；6—7 双手交叉上穿手，同时膝盖伸直身体向右转一圈；8 右手变托掌，同时右腿半蹲，左腿向 8 点方向勾脚踢起。（见图 2-58、图 2-59、图 2-60、图 2-61、图 2-62、图 2-63 和图 2-64）

[6]1—3 左脚在前，向 8 点方向搓步；4 右脚后撤成踏步；5 提襟亮相；6—8 拍保持。（见图 2-65）

图 2-58

图 2-59

图 2-60

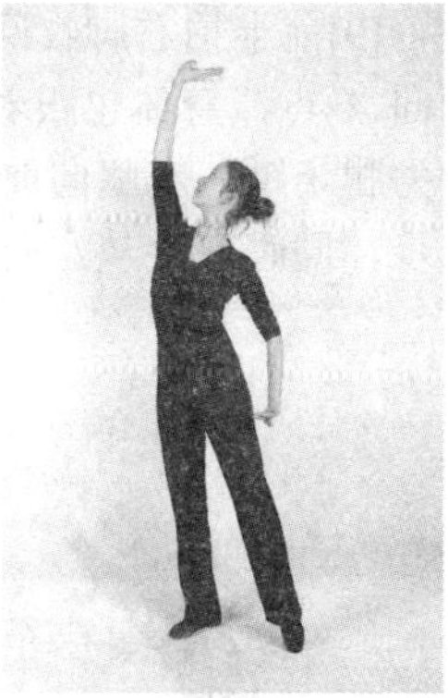

图 2-61

图 2-62

图 2-63

图 2-64

图 2-65

[7]1—2 左脚不动，右脚与左脚并拢，同时身体转向 7 点，双膝半蹲，左手掌心向下在左胯旁，右手掌心向下在体前；3—4 右腿绷脚前吸腿，左腿主力腿站直，右手从体前提至头顶；5—6 左腿主力腿半蹲，右腿绷脚伸直前点，身体后仰，眼看 1 点；7—8 右腿收回，双腿伸直立半脚间，眼看 7 点下方。（见图 2-66、图 2-67、图 2-68 和图 2-69）

图 2-66

图 2-67

图 2-68

图 2-69

[8]1—2 右腿后撤，成大掖步，左腿主力腿半蹲，头转向 5 点；3—4 左腿主力腿半蹲不变，身体从背面转回，右手向下划立圆；5—6 重心从左腿移到右腿；7—8 左腿向 2 点上一步，成踏步，右手至山膀位亮相。（见图 2-70、图 2-71 和图 2-72）

[9]前半拍右脚收回，双膝半蹲；1—4 右腿主力腿半蹲，左腿向前伸直勾脚，从 2 点向左划向 4 点，身体也跟着转向 4 点，成左脚在前的踏步，同时双手从右向左双晃手；5—8 左腿主力腿半蹲，右腿向前伸直勾脚，从 4 点向右划向 2 点，身体也跟着转向 2 点，成右脚在前的踏步，同时双手从左向右双晃手。（见图 2-73、图 2-74、图 2-75、图 2-76 和图 2-77）

图 2-70

图 2-71

图 2-72

图 2-73

[10]1—2 左脚向旁跨一大步，右脚紧跟上，落在左脚后面，成踏步，左手胸前按掌，右手撩至头顶；3—8 托按掌慢慢亮相。（见图 2-78）

[11]1—2 双腿下蹲，右手落至按掌，左手背于身后；3—4 双腿站直，立半脚尖，双手打开至平肩手，掌心向下，同时身体转至 5 点；5—6 左腿主力腿半蹲，弓箭步，左手手心向上，从左向右划平圆；7—8 重心移到右腿，身体转至 1 点，成大掖步，左手划圆至扬掌位，右手山膀位亮相。（见图 2-79、图 2-80、图 2-81 和图 2-82）

图 2-74

图 2-75

图 2-76

图 2-77

图 2-78

图 2-79

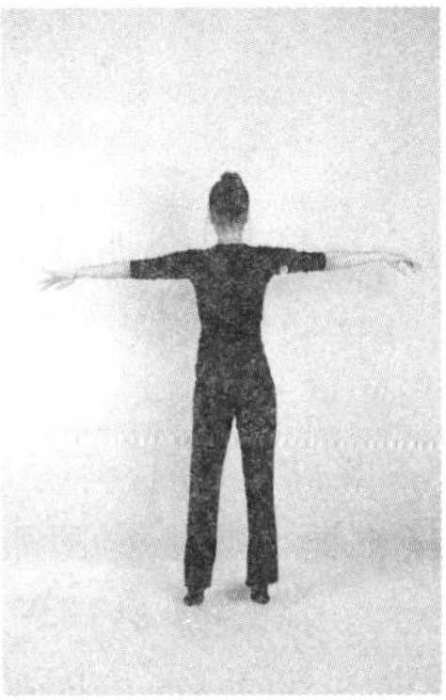
图 2-80

图 2-81

[12]1—2 左脚收到右脚后，成踏步，双手掌心向下，从体前至腋下盘手；3—4 两腿前后交换，成弓箭步，重心在左腿，双手掌心向下至体前；5 重心移至右腿，身体转向 2 点，左腿绷脚前吸腿，双手从体前至腋下盘手；6 左腿绷脚前点地，双手撩至头顶；7—8 双托掌亮相，眼看 1 点。（见图 2-83、图 2-84、图 2-85、图 2-86 和图 2-87）

图 2-82

图 2-83

图 2-84

图 2-85

图 2-86

图 2-87

二、学法指导

（1）“手传意，眼传神”，身韵组合训练中要对眼神进行严格要求。

（2）呼吸在舞蹈中要随着动作性格及节奏而有深浅、长短、暂停与延伸的区分，用意念去控制呼吸，使呼吸与动作紧密结合。

（3）要求适应和区分各类动作的节奏特点，做动作时节奏要鲜明，无论快慢、大小、动静、强弱，动作方法的转换都要明确，绝不能含糊不清、拖泥带水，要做到“快而不乱，慢而不断”。

（4）把握住和谐对立统一的节律，做到“刚中有柔、柔内带刚、刚柔并济”，“动中寓静、静中触动、动静相间、动静互换”。

知识窗

《扇舞丹青》中国古典舞作品赏析

舞蹈编导：佟睿睿。

舞蹈音乐：根据民族古典乐曲《高山流水》改编。

舞蹈服装：韩春启。

舞剧首演：2000 年北京。

首演团体：北京舞蹈学院。

首演演员：邹亚童。

修改稿首演演员：王亚彬。

荣获奖项：2001 年荣获第五届全国舞蹈比赛创作一等奖，王亚彬获表演一等奖；第二届 CCTV 电视舞蹈大赛一等奖；第三届荷花奖舞蹈比赛一等奖。

《扇舞丹青》借用一把延长手臂表现力的折扇，演绎了中华民族书法艺术的神韵之美，动态地展现了“纸上的舞蹈”，可谓文治“舞”功。作品通过表演者似飞腾狂草，像描画丹青般一招一式的精彩表演，在整个舞台空间塑造出一种古雅、端庄、充满中国传统舞蹈文化的体态形象，将古典舞与中国书法文化、扇文化、剑文化融为一体，把舞、乐、书、画熔于一炉，在情景交融、人与自然浑然一体中达到含蓄蕴藉、言有尽而意无穷的艺术境界，营造出了一个恬静、雅致、高远的意境。它既具有超越美，又有自然美，这不但是舞蹈艺术所崇尚的，也是中国人一直所追求的高级审美境界，因此舞蹈《扇舞丹青》无愧为雅俗共赏、赏心悦目、令观众目不转睛的“墨舞”精品。

《扇舞丹青》是一个极富舞蹈本体特征的作品，它的一大特点是重其韵律，不随意乱用技巧，不张扬，不浮躁；未设置任何情节，没有戏剧的冲突，无需更多外在手段的帮助，仅靠舞者的身体和那把扇子，通过舞者身体那快慢相宜、刚柔并济、抑扬顿挫、错落有致的运动，将扇子与肢体动作的幅度、力度、速度、重力和空间相结合，将一个看似平常的舞蹈，做到与书法与绘画笔韵之美比肩，让《扇舞丹青》成为一个名副其实的“墨舞”佳作。与以往女子古典舞相区别的是，它的语言打破了阴柔为主的风格，增加了刚性质感的表现。作品所营造出洒脱、飘逸、灵动、稳重和突变等不同的效应，时而高山坠石、千里阵云、忽而春蚕吐丝、绵里藏针的舞蹈形象、形式之美，令人如梦如幻、如痴如醉。编导创造了自己的空间，也创造了自己的时间，两者有机结合所构成的底板则是舞者身体自由描画的。这种典型中国式的身体运动与魏格曼提出的时、空、力舞蹈三要素不期而遇。而舞者那收与放、张与弛、急与缓、强与弱等动势所展示的“重力（轻或重）、时间（快与慢）、空间（直接或延伸）、流畅度（限制或自由流畅）”又与魏格曼之师拉班创造的人体力效表现有着本质的联系。由此可见，艺术确实是相通的，好的艺术作品都遵循科学的原理方法，艺术家追求的最高境界都是心灵与自然在沟通中的顿悟，各种自然情景均融入人的主观感受，倾入人性。在艺术心境与宇宙意象的互衬相映中返璞归真。《扇舞丹青》作为当代中国古典舞的代表作，它“闪、转、腾、挪”的动势、其“回”与“流”的形态，以及瞬间止息如红日欲出、满弓蓄势的感觉等，无不体现出了中国舞独有的舞蹈韵味和独特的精神气质，当之无愧成为中国舞蹈艺术的佳作，让人们在意醉神迷、出神入化中品味中国舞蹈向前发展的无穷神韵。

拓展阅读

舞蹈家黄豆豆介绍

黄豆豆 1977 年 2 月出生于浙江温州市，父亲是温州剪刀厂分厂厂长，母亲是温州市总工会艺术团演员。3 岁那年，豆豆随母亲看电影《叶塞尼亚》，片中有一段热烈奔放的“吉普赛舞”，看完电影回家后，豆豆几乎是原汁原味地把这一段长达两分钟的舞蹈一板一眼地跳了出来，这令父亲大感意外。豆豆母亲认定儿子的体内天生具备舞蹈因子，此后常把儿子带到剧院、艺术团，让他现场感受艺术演出的气氛。超一流的艺术表演极大地震撼了豆豆年幼的心灵，产生了很大的启蒙作用。

从 12 岁至 18 岁，黄豆豆在上海舞蹈学校民族舞科进行了系统学习。特别令人意外的是，他的文化课成绩年年第一。黄豆豆曾向老师提出：如果我哪一门文化课不及格，请让我留级。黄豆豆抓紧习舞后的点滴空暇学习各门文化课。“没有文化的演员是愚蠢的”。黄豆豆说。

舞校的 6 年使黄豆豆的舞艺突飞猛进，他的舞蹈《海燕》、《奔腾》荣获上海市首届民族舞比赛第一名；1993 年在中外舞蹈高手云集的第 15 届“上海之春”比赛中获得优秀表演奖。由世界知名的一批舞蹈家组成的评委会对黄豆豆的表演只有一句评价：“他是中国近年舞蹈教学中最可骄傲的作品。”

1995 年，18 岁的黄豆豆从上海舞蹈学校毕业后去了上海歌舞团。

如今，一些舞蹈界的评论家一致认定，黄豆豆真正意义的开山之作并在国际性舞赛中获奖的当数《秦俑魂》，被国际评委称为“代表中国民族舞蹈的标志性作品”。中国舞蹈家协会副主席贾作光先生认为“《秦俑魂》无论从哪一个方面来说都是有突破的，是极其优秀的。”

黄豆豆怎么会选择这样一种题材呢。他说，他看了一部犯罪分子偷盗古俑的记录片，那些无比珍贵的俑体被破坏，手足被锯断，俑身被空气所腐蚀，豆豆难过地哭了。他说，他是为历史而流泪，这些俑原本是一些孤独的殉葬品，它们没有发言权，如今，它们连保持孤独的权利也被剥夺了，很多人打它们的主意。黄豆豆认为，要表现俑的孤独感，舞蹈是最好的一种体现形式，难道俑不是一种“哑剧”吗？它们与舞蹈一样，没有台词，然而，事实上却处处有抹不掉的台词。《秦俑魂》很快就排好了，黄豆豆表演的“俑”充满了非凡的灵气与感悟，天人合一、人鬼感应、变幻无常、苍凉悠远，他在舞蹈节奏、造型、身体曲线蠕动等方面，表现了超一流的技巧，已经达到一种挥洒自如、物我两忘的境界。1995 年中国舞蹈比赛最高奖第四届“桃李杯”舞赛在北京举行，黄豆豆的《秦俑魂》获得古典舞男子第一名，名震京华。这一年，18 岁的黄豆豆频频获大奖，被人戏称为“得奖专业户”。

1999 年，为迎接新中国成立 50 周年大庆，上海歌舞团推出大型舞剧《闪闪的红星》，黄豆豆出演少年英雄潘冬子。此剧公演后，好评如潮，黄豆豆日臻成熟的演技更是为人所称道。

实战训练

1. 能合上音乐熟练、优美地表演身韵综合组合。
2. 深刻体会“刚中有柔，柔内带刚，刚柔并济”的对立统一的感觉。
3. 找出《扇舞丹青》和黄豆豆的舞蹈作品欣赏一下。

第三章　芭蕾基础

学习目标

1．了解芭蕾基本功训练的意义。

2．掌握芭蕾的基本手位、脚位及手位组合。

3．通过把杆擦地组合来锻炼脚腕、脚掌的柔韧性和腿部力量。

4．通过把上蹲组合的练习，锻炼膝关节的柔韧性和腿部力量，为跳跃、技巧创造有利条件，使人跳跃起来既有力又富有弹性。

5．通过中间舞姿和华尔兹组合的练习，使学生的身体更加协调配合，舞姿更加优美。

内容导读

芭蕾（BALLET）是一种起源于意大利的舞剧，用音乐、舞蹈和哑剧来表演戏剧情节，后盛行于法国和俄罗斯，至今已有 300 多年的历史。1661 年，法国国王路易十四下令在巴黎创办了世界第一所皇家舞蹈学校，确立了芭蕾的 5 个基本脚位和 7 个手位，使芭蕾有了一套完整的动作和体系。“芭蕾”艺术多见女演员用足尖立于地面舞蹈，展现了舞者轻盈舒展的舞姿和挺拔高贵的仪态。芭蕾基础训练可以使练习者在身体的直立挺拔感、动作的舒展优雅等方面有着很显著的效果，同时在培养人的思想、品德、修养情操、仪表、礼节及艺术品位、鉴赏能力等方面都有不可忽视的作用。

第一节　芭蕾的基本手型、手位、脚位和手位组合

知识领航

芭蕾舞是一门技巧性很高的艺术，它的旋转、跳跃、脚尖控制及双人舞技巧都为芭蕾舞增添了巨大的艺术魅力。芭蕾舞语汇的风格特征在于腿、胯的动作运用，方法有“开”、“绷”“直”、“立”4 种。通过芭蕾的训练方法可以塑造形体健美、动作优美、步履轻盈的体态。本节通过介绍芭蕾手位、脚位使学生掌握最基本的芭蕾知识。

一、基本元素

芭蕾以它独特的舞蹈形式来展示人体优美的线条，动作流畅、舞姿多变、造型流动、技艺精湛，几百年来已经形成了一套规范、严谨、科学的训练方法。芭蕾训练中常出现开、绷、直、立 4 个动词，这 4 个词始终贯穿在芭蕾训练之中，所有的动作必须在开、绷、直、立的基础上完成，所以我们称它为芭蕾的基本元素，也是芭蕾审美特征之一。

（1）开：是指在胯部不动的情况下，整条腿从髋关节到膝关节、脚腕、脚趾尖全部外旋。由于腿的外开，延长舞蹈者的肢体线条，增强其表现力，从而使动作姿态更加优雅。

（2）绷：是指脚腕伸展，脚背上拱，脚心下窝，脚趾并拢向远向下无限伸展。绷脚增长了腿的长度、力度，消耗腿部多余脂肪，使腿部肌肉拉长，线条优美修长。

（3）直：一方面是指人体重心的垂直。无论是两脚站立、单脚站立，还是是空中跳跃，都有重心垂直问题。另一方面是指主力腿和伸出腿的膝盖和后背在没有特殊动作需要的情况下，必须笔直、稳定、有力。

（4）立：是指人体每一个关节、肌肉向上提，仿佛人体变得越来越轻，就要腾空而起。脊柱后背要直立、挺拔向上，舞蹈者上身形态的挺拔、舒展在芭蕾舞中极为重要。

（5）弧：是指手臂要保持弧形，线条要流畅，呈现出柔和的圆形。所有尖锐的棱角，如肘部的弯曲和手腕的折下，都是芭蕾训练中不允许的。

（6）长：是指腿、脚及身体的线条要尽量拉长，这与芭蕾舞作为一种下肢体的舞蹈有直接关系，肢体的长线条是舞蹈尤其是古典芭蕾所追求的美。

二、基本手位

（1）手形：五指自然放松，并拢。大拇指与中指略靠近。拇指指尖按在中指的第二关节线上，食指离开其他三指微并拢。（见图 3-1）

（2）手臂：从肩、上臂、肘到小臂、腕、指尖，形成一条延长的没有棱角的弧线。

一位：从肩到手指尖在身体前呈椭圆形，手心朝上，两手相距约一只拳头的距离，小指边离大腿约 6cm 距离，腋下微撑开。（见图 3-2）

二位：保持一位形态，两手臂平端向上至手心与胃平行部位，肩、肘、腕、指呈向下弧线。（见图 3-3）

三位：保持二位手状态，两手臂向上抬至头顶前上方，停在头不抬的头顶前上方。（见图 3-4）

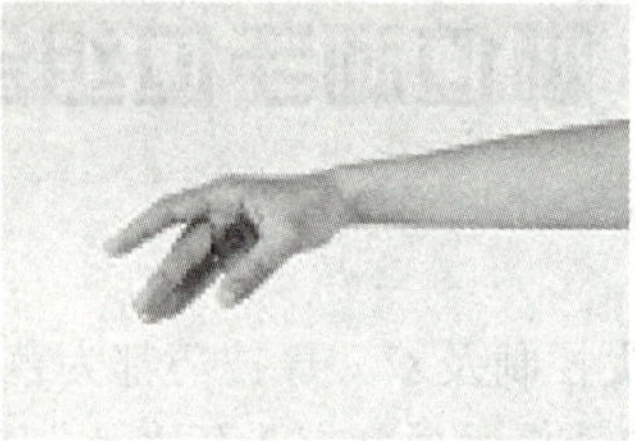

图 3-1

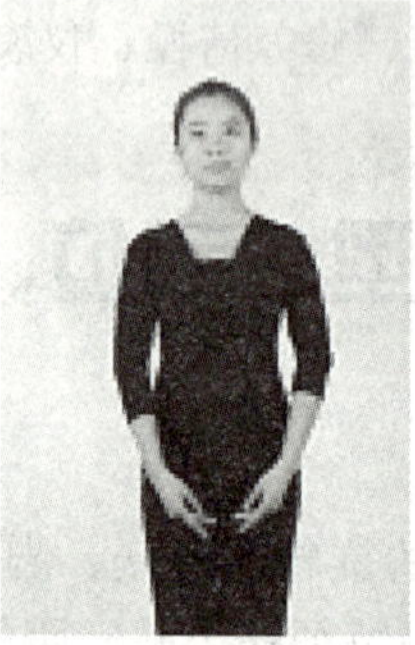

图 3-2

图 3-3

图 3-4

四位：一只手臂保持在三位，另一只手臂从三位由小指领着回到二位。（见图 3-5）

五位：一手臂保持三位，另一手臂从二位向旁打开至肩前。（见图 3-6）

图 3-5

图 3-6

六位：向旁打开的手臂不动，另一只手臂从三位落到二位。（见图 3-7）

七位：向旁打开的手臂不动，另一只手臂由二位向旁打开至肩前。上臂低于肩，肘低于上臂，小臂低于肘。手心向正前下方形成一条延长的弧线。（见图 3-8）

图 3-7

图 3-8

学法指导

1. 手的位置从一位到七位，两手臂始终要保持椭圆形。
2. 手的 7 个位置运动路线要规范。
3. 注意不要让手腕和肘关节下塌。
4. 熟练手的 7 个位置之后，要注意头、手、身体各部位协调配合。
5. 要体会手位中的内在力量，尤其是后背肌肉群在动作中起到的平衡和稳定作用。
6. 在手位练习中运用手的表现能力来传情达意。

三、基本脚位

（一）站姿

双脚十指自然平铺于地面，有下压感，双腿伸直向上拉长，大腿内侧肌肉外翻，腹部收紧，后背肌肉拉长，肩颈放松，头部端正，两眼平视，躯干正直。双臂放下从肩夹骨到手指尖成弧形放在身体前面一点。

（二）脚的基本位置

一位：两脚脚跟并拢，脚尖向外打开呈一字形。（见图 3-9）

二位：在一位的基础上，两脚直线向旁打开，中间相隔一只脚的距离，重心在两脚之间。（见图 3-10）

三位：在保持二位的基础上，一只脚的脚后跟向另一只脚的脚心靠拢，并保持外开。（见图 3-11）

图 3-9

图 3-10

图 3-11

四位：保持两脚外开，一只脚在另一只脚的正前方或正后方，形成两条平行线。两脚之间相距一竖脚。（见图 3-12）

五位：在四位的基础上，两脚合拢并紧。（见图 3-13）

图 3-12

图 3-13

学法指导

1．脚位的开度要保持从大腿根、膝盖、脚腕、脚尖的上下一致。如果胯部不开，脚位可以站大八字或小八字，切忌某个局部打开，某个局部关，造成上下扭曲或损伤。

2．五位和三位要保持胯部正，不要因为某只脚在前而一边的胯歪向前。胯不正的原因正是因为前五位或前三位的腿没有伸直形成，所以五位和三位不但要伸直两膝，而且要夹紧大腿。

四、芭蕾手位舞姿组合

（一）芭蕾手位组合

音乐 4/4。

准备姿态：双手一位，双脚一位站立。

准备拍：双手由一位经二位打开至七位再回到一位。

[1]1—4 双手由一位慢慢抬起至胸前至二位。5—8 双手保持二位姿态。

[2]1—4 双手从二位开始同时再向上抬起至头的斜上方到达三位。5—8 双手保持三位姿态。

[3]1—4 左手保持三位姿态，右手从上向下切至胸前二位到达四位。5—8 双手保持四位姿态。

[4]1—4 左手继续保持三位，右手手臂从二位向旁打开至肩前到达五位。5—8 双手保持五位姿态。

[5]1—4 左手从上往下切至胸前到达二位，右手保持不动，使姿态变成六位。5—8 双手保持六位姿态。

[6]1—4 左手手臂从二位打开至肩前，右手保持不动，使姿态变成七位。5—8 双手保持七位姿态。

[7]1—4 双臂向旁伸远伸长呼吸至一位。5—8 保持一位姿态。

学法指导

1．手臂动作不要太僵硬，一定要有呼吸。

2．眼随手动，看着手臂的远方，不要盯着手看。

3．手位动作不但要有手腕的动作，而且要从肩、大臂、小臂、手腕最后到手指尖都要动作。

4．学生动作熟练后可以加一些脚位的变化，如二位到一位，四位到五位。使学生做到手脚的协调。

（二）芭蕾手位与舞姿组合

音乐 3/4 拍。

准备姿态：面对 8 点方向，双脚五位右脚在前，双手一位，双眼看正前方。（见图 3-14）

准备拍：保持准备姿态不动。

[1]1—8 双手由一位抬至二位。

[2]1—8 双手由二位打开至七位。

[3]1—8 保持七位姿态不动，眼睛看着右手前方。

[4]1—8 手臂呼吸伸远伸长收至一位。

[5]1—8 双手由 位抬至二位。

[6]1—8 双手由二位抬至三位。

[7]1—8 双手手心向上打开至七位。

[8]1—8 手臂呼吸伸远伸长收至一位。

[9]1—8 手臂呼吸伸远伸长至二位。

[10]1—8 双手呼吸回到一位。

[11]1—8 双手由一位抬至二位。

[12]1—8 左手抬起至三位，右手打开至七位，双手到达五位姿态。（见图 3-15）

[13]1—8 左手打开至一位，右手上抬至三位。（见图 3-16）

图 3-14

图 3-15

图 3-16

[14]1—8 右手下切，左手上抬至二位。

[15]1—8 左手抬起至三位，右手打开至七位，双手到达五位姿态。

[16]1—8 上身姿态保持不变，右脚向前擦地。（见图 3-17）

[17]1—8 上身姿态保持不变，右脚擦地收回五位。
[18]1—8 双脚保持五位姿态，左手打开至七位。（见图 3-18）
[19]1—8 手臂呼吸伸远伸长收至一位。
[20]1—8 双手抬至二位。
[21]1—8 左手伸向正前方，右手向旁打开。
[22]1—8 上身姿态保持不变，左脚向后擦地。（见图 3-19）
[23]1—8 上身姿态保持不变，左脚向前擦地收回五位。
[24]1—8 左手下切，右手七位，姿态变成六位。
[25]1—8 左手打开至七位。（见图 3-20）
[26]1—8 手臂呼吸伸远伸长收至一位。

图 3-17

图 3-18

图 3-19

图 3-20

学法指导

1．芭蕾舞姿训练首先要掌握手位和脚位，每一个动作要准确、到位。
2．上身的舞姿要优美，下身的腿、脚也要协调配合。
3．肩膀要放松，气息要流畅。

实战训练

1．正确掌握基本手位和脚位，能规范地完成基本动作。
2．能跟随音乐规范地完成训练组合。
3．针对自己的情况进行练习，矫正不正确的姿态。
4．有兴趣的学员可以对着镜子观察自己的舞姿。

拓展阅读

西方芭蕾舞介绍

对于一种艺术而言，我们很难说出它的生日，因为某一种艺术的出现总是循序渐进发展的。对芭蕾而言，国际芭蕾史界对芭蕾历史的长短就有两种不同的见解，一直以来我们常常习惯于将 1581 年在巴黎小波旁宫（Palais du petit Bourbon）上演的《王后喜剧芭蕾》（Comi que de la Royne）看作芭蕾的诞生，并将芭蕾视为表演艺术中最年轻的小妹妹，这只是一种说法。还有另一种说法认为，作为一种综合性的舞台艺术，芭蕾艺术孕育在意大利，诞生在 17 世纪后期路易十四的法国宫廷。

虽然芭蕾的诞生与宫廷文化娱乐息息相关，但它最初的源头却是欧洲的一种群众自娱或广场表演的舞蹈。在漫长的发展过程中，芭蕾形成了严格的规范、结构形式、训练方法，其主要特征是女演员要穿上特制的足尖鞋立起脚尖起舞。19 世纪芭蕾艺术在法国日臻完美，然而随着社会风尚急转直下，芭蕾慢慢失去了滋生的沃土。到 19 世纪末期，芭蕾在俄罗斯进入最繁华的时期，在几百年的长期历史发展过程中，芭蕾逐步形成了不同风格的意大利流派、法国流派和俄罗斯流派。20 世纪后又出现了现代芭蕾学派，为世界芭蕾舞台更平添了异彩纷呈的色彩。20 世纪 60、70 年代后，当代芭蕾的发展更呈现出多元化特色。

芭蕾舞已遍及全世界，被公认为是人类文化遗产的重要部分，成为世界性的艺术，五大洲的众多国家都建立了自己的专业芭蕾舞学校和芭蕾舞演出团体。在当今世界上，芭蕾艺术繁花似锦，古典芭蕾和现代芭蕾、戏剧芭蕾和交响芭蕾等不同流派争奇斗艳，涌现出大批人才和剧目，很多国家逐渐形成自己的风格特点，在芭蕾舞的艺术表现上不断出现新的探索和创造。

第二节　扶把擦地练习及组合

知识领航

芭蕾是外来艺术，其基本动作的名称都是用法语表达的。世界各地都统一用法语来称呼芭蕾的基本动作。为了更好地训练后背的直立和挺拔，芭蕾的训练从把杆开始，也为今后训练较难的技巧动作打下坚实的基础。

一、扶把练习

（1）双手扶把：面对把杆双手自然下垂，然后将双手十指轻轻放在把杆上，手腕放松，两手的距离与肩同宽，双肘在身体前一点。肩膀放松，气息流畅。

（2）单手扶把：顺着把杆方向站立，外面的手自然下垂，靠近把杆的手指轻轻放在把杆上，手腕和肘自然下垂，并在身体稍前面一点的位置。身体面对正前方或正后方。

二、擦地绷脚

擦地绷脚可以在一位或五位脚的位置上，一条腿作为主力腿，另一条腿作为动力腿向前、向旁、向后练习。擦地主要通过擦地绷脚背，立脚趾，整条腿向远向下延伸，伸展整条腿的肌肉，然后收回。通过擦出收回的不断运动来锻炼脚腕、脚掌的柔韧性和腿部力量，尤其是踝关节和脚趾的力量。

（一）五位向前擦地

五位站立准备向前擦地。一条腿支撑并固定好重心，另一条腿保持与支撑腿平衡状态，沿地面向前擦出，同时脚跟渐渐离地推起脚背，在动力腿不影响支撑腿重心的情况下，尽可能向远伸展，脚掌点地，将脚背推至最高点。然后再将脚趾向远伸展立起，用脚趾尖轻轻点地后，按原路线依次收回原位。（见图 3-21）

（二）五位向旁擦地

五位站好，一条腿支撑并固定好重心，另一条腿向旁沿着地面贴着主力腿的脚的内缘向旁擦出，同时脚跟渐渐离地推起脚背，在不影响支撑腿重心的情况下，动力腿尽可能向远伸展，脚掌点地，将脚背推至最高点。收回时，将脚趾向远伸展立起，用脚趾尖轻轻点地，经过一位再收回到前五位。（见图 3-22）

（三）五位向后擦地

五位站立准备向后擦地。主力腿支撑并固定好重心，动力腿保持与支撑腿平行状态沿地面向后擦起，同时脚跟渐渐离地推起脚背，在不影响支撑腿重心的情况下，动力腿尽可能向远伸展，脚掌点地，将脚背推至最高点。收回时，将脚趾向远伸展立起，用脚的大趾外侧点地，然后按原路线依次收回原地。（见图 3-23）

图 3-21

图 3-22

图 3-23

学法指导

1. 向前擦地时，脚跟先行，收回时脚尖先放，保持开度。
2. 向旁擦地时，胯要正，不能随动力腿摆动。
3. 向后擦地时，脚尖先行，收回时，脚跟先收。
4. 固定好重心和胯部，不要随动力腿晃动。

三、把上擦地组合

芭蕾训练最重要的是要做到开、绷、直、立。这些目标的达成需要一系列的艰苦训练。把杆练习中的擦地是通过擦出收回的不断运动来锻炼脚腕、脚掌的柔韧性，掌握了最基本的擦地方法后需要通过组合的不断变化来加强腿部力量的训练。

（一）一位擦地

音乐 4/4 拍。
准备姿态：双手扶把，双脚一位站好。
[1]1—8 保持准备姿态不动。
[2]1—2 拍左脚不动，右脚后跟抬起。（见图 3-24）
　3—4 拍左脚不动，右脚压脚背。（见图 3-25）
　5—6 拍左脚不动，右脚压脚掌。
　7—8 拍左脚不动，右脚压脚后跟。

[3]1—8 重复[2]的动作。
[4]1—2 拍右脚不动，左脚后跟抬起。
3—4 拍右脚不动，左脚压脚背。
5—6 拍右脚不动，左脚压脚掌。
7—8 拍右脚不动，左脚压脚后跟。
[5]1—8 重复[4]动作。
[6]1—2 拍左腿保持姿态，右腿向旁伸远擦出。
3—4 拍左腿保持姿态，右脚原地绷脚背。（见图 3-26）
5—6 拍左腿保持姿态，右脚原地压脚背。
7—8 拍左腿保持姿态，右腿经过原路线擦地收回。
[7]1—8 重复[6]动作。
[8]1—2 拍右腿保持姿态，左腿向旁伸远擦出。
3—4 拍右腿保持姿态，左脚原地绷脚背。
5—6 拍右腿保持姿态，左脚原地压脚背。
7—8 拍右腿保持姿态，左腿经过原路线擦地收回。
[9]1—8 重复[8]动作。
[10]1—8 双脚脚跟抬起立半脚尖结束。（见图 3-27）

图 3-24

图 3-25

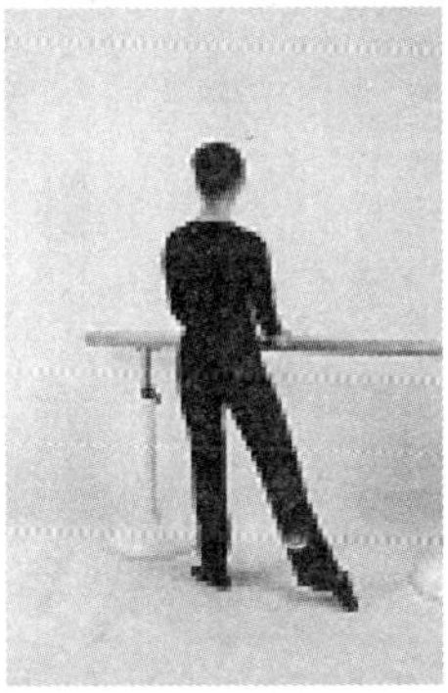
图 3-26

图 3-27

学法指导

1. 本组合主要训练脚背的力量，一定要伸到最远最长的位置。
2. 双脚要保持一位，最后结束再回到一位。
3. 上身要保持直立的身体姿态，不能随擦地的腿左右晃动。

（二）擦地立半脚尖

音乐 4/4 拍。
准备姿态：双手扶把与肩同宽，双脚一位站好。
[1]1—8 保持准备姿态不动。
[2]1—4 拍左脚不动，右脚向旁擦出。5—8 拍左脚不动，右脚沿原路线擦回。
[3]1—8 重复[2]动作。
[4]1—2 拍右脚向旁擦出，3—4 拍右脚原路擦回，5—8 拍同 1—4 拍的动作。

[5]1—2 拍右脚向旁擦出。

3—4 拍向右移动重心，二位蹲。（见图 3-28）

5—6 拍继续向右移动重心，左脚点地。（见图 3-29）

7—8 拍左脚擦地收回一位。

[6]1—4 拍右脚不动，左脚向旁擦出，5—8 拍右脚不动，左脚沿原路线擦回。

[7]1—8 重复[6]动作。

[8]1—2 拍左脚向旁擦出，3—4 拍左脚原路擦回，5—8 拍同 1—4 拍动作。

[9]1—2 拍左脚向旁擦出，3—4 拍向左拍移动重心，二位蹲。

5—6 拍继续向左移动重心，右脚点地，7—8 拍左脚擦地收回一位。

[10]1—4 拍双脚立半脚尖。（见图 3-30）

5—8 拍双脚慢慢落下回一位。

[11]1—8 重复[10]动作。

[12]1—2 拍双脚立半脚尖，3—4 拍双脚落下回一位。

5—6 拍一位蹲。（见图 3-31）

7—8 拍立起回一位。

[13]1—8 重复[12]动作。

[14]1—8 双手扶把，双脚一位站立结束。

图 3-28

图 3-29

图 3-30

图 3-31

学法指导

1．擦地动作一定要做实，不能虚在地面。
2．脚背一点要绷起到最远。
3．重心的移动要准确。
4．立半脚尖要立到位。

（三）五位擦地

准备姿态：左手扶把，右手一位，右脚前五位站立准备。

[1]1—4 拍保持准备姿态。

5—8 拍双脚保持五位不变，左手扶把，右手经过二位打开至七位。（见图 3-32）

[2]1—2 拍右脚向前擦地。（见图 3-33）

3—4 拍右脚收回。
5—8 拍重复 1—4 拍动作。
[3]1—2 拍右脚向前擦地，3—4 拍右脚收回。
5—6 拍五位半蹲。（见图 3-34）
7—8 拍双腿伸直还原。

图 3-32

图 3-33

图 3-34

[4]1—2 拍右脚向旁擦地。（见图 3-35）
3—4 拍右脚收回。
5—8 拍重复 1—4 拍动作。
[5]1—2 拍右脚向旁擦地。
3—4 拍右脚收回。
5—6 拍 五位半蹲。
7—8 拍双腿伸直还原。
[6]1—2 拍右脚向后擦地。（见图 3-36）
3—4 拍右脚收回。
5—8 拍重复 1—4 拍动作。
[7]1—2 拍右脚向后擦地。
3—4 拍右脚收回。
5—6 拍五位半蹲。
7—8 拍双腿伸直还原。
[8]1—8 拍双脚保持五位姿态，左手扶把，右手呼吸伸远伸长收回到一位。（见图 3-37）

图 3-35

图 3-36

图 3-37

学法指导

1. 所有动作都要在五位脚上完成。
2. 扶把的手要放松，不要太僵硬。
3. 把杆外的手要保持一定的舞姿，要有控制，不要随意上下摆动。
4. 在擦地中做蹲的动作时，要注意不能翘臀，要做到收腹挺胸。

实战训练

1. 熟练掌握双手扶把和单手扶把的训练。
2. 学会向前、向旁、向后的五位擦地。
3. 通过组合的训练，锻炼腿部力量，加强踝关节和脚趾的力量。

知识窗

舞蹈界的莎士比亚——让·乔治·诺维尔

17 世纪后半叶芭蕾走出了宫廷，登上了舞台，开始成为剧场艺术。而芭蕾真正迅速发展起来是在芭蕾艺术成为剧场艺术之后，这个历史时期在芭蕾界产生了一位伟大的芭蕾革新家，他就是被称为舞蹈界莎士比亚的让·乔治·诺维尔。

他用 18 世纪流行的书信体形式写成了一部伟大的芭蕾理论作品——《舞蹈与舞蹈书信集》。他极力主张芭蕾成为一门独立的艺术，反对它继续成为歌剧或戏剧的插舞，同时他还反对阻碍面部表情的面具、显得头重脚轻的夸张发饰、妨碍脚下动作的鲸骨裙。由于诺维尔无法战胜根深蒂固保守势力的阻挠和破坏，他不仅过着颠沛流离的生活，在艺术实践上也屡屡挫败，他的舞剧没有被保留下来，好在他热爱写作，为后世留下了珍贵的芭蕾遗产。

拓展阅读

现代芭蕾与现代舞

社会的变迁荡涤了帝王嫔妃的影响，芭蕾艺术这位沉眠于床榻之上的睡美人，终于伴着一股焦灼的渴望蓦然醒来……一句话，所有关心醒后睡美人的人都一致认为：她已经到了应该弃幼稚而就成熟的时机了。

如果说 19 世纪芭蕾舞女演员穿上足尖鞋是为了表现一种超凡脱俗、游离于现实世界之外的理想世界，那么 20 世纪的芭蕾恰恰相反，千方百计要把人们拉回到今天的现实生活中来。而不管这个现实是多么黑暗和残酷。芭蕾编导们不仅实现了与现代各门类艺术的最广泛结合，而且大量吸收了现代哲学、心理学、科学中的最新成果，使芭蕾艺术更贴近现代社会和现代人的思想，使 20 世纪的芭蕾成为现代主义文艺中名副其实的重要组成部分。

而且 20 世纪现代芭蕾越来越表现出与现代舞相融合的趋势。在世纪初的几十年间芭蕾和现代舞都处于势不两立的状态。不过后来还是芭蕾表现出了宽容的态度，许多编导开始在创作中采用现代舞的手法和技巧。现代舞进一步解放了芭蕾演员的身体，极大地强化了芭蕾表现力，赋予它以强烈的表现意识，拓展了芭蕾的表现领域，使芭蕾这一古老的艺术由于枯木逢春而萌发出新的生机。

芭蕾舞与现代舞的冲突和结合已走过了一个漫长的过程，到今天，芭蕾艺术试图更加贴近人们的生活，更敏锐地反映时代的方方面面，而且所有的现代舞演员都必须要接受芭蕾的专业训练，随着时间的推移，芭蕾与现代舞的结合将迈上新的台阶。但应该指出的是，芭蕾和现代舞至今仍然是两种不同的舞蹈艺术，不管它们如何借鉴、如何渗透、如何融汇，芭蕾仍然是芭蕾，现代舞仍然是现代舞，将来或许还是如此。

第三节　蹲的基本动作及蹲组合

知识领航

在芭蕾训练中不但要用擦地来锻炼脚腕、脚掌的柔韧性，还要通过蹲的练习来锻炼膝关节的柔韧性和腿部肌肉的力量，这是在为跳跃、技巧创造有利的条件。在舞蹈中，我们可以看到通过蹲的训练能使人轻松腾空而起、轻盈落下，跳跃起来时既有力又富有弹性。因此蹲是各种舞蹈必须训练的项目之一。

一、蹲的基本动作

（一）半蹲（Demi Plie 德米·普利也）

半蹲时，上身保持直立，收腹、收臀，大腿内侧肌肉外旋，膝关节对着脚尖，臀部对着脚跟，逐渐屈膝（但不要用力）直至脚跟不离开地面，蹲到最大限度。起的时候，脚跟用力推地，靠脚腕和脚跟的韧性力量将身体向外推起，最后达到两腿伸直、肌肉拉长、胯上提，使身体有继续上升感。（见图 3-38、图 3-39 和图 3-40）

（二）全蹲（Grand Plie 格朗·普利也）

在半蹲的基础上继续向下蹲，蹲到脚跟被迫离开地面，蹲到底，大小腿之间距离最近即为全蹲。但臀部不能坐在脚后跟上，保持开度和后背挺直。起来时，先压脚后跟，再慢慢站起

来。（见图 3-41、图 3-42 和图 3-43）

图 3-38

图 3-39

图 3-40

图 3-41

图 3-42

图 3-43

学法指导

1．一位、三位、四位、五位全蹲下去都可以略抬脚跟，只有二位全蹲时，不允许抬起脚跟。

2．半蹲和全蹲要注意胯、膝盖、脚尖的外开度一致，不能扭曲。

3．蹲时要有被迫下蹲的感觉，起来的时候要有对抗的力量。

4．选择蹲的音乐要平缓柔和，同时蹲与起的过程要连贯平稳，要将音乐分配均匀。

（三）单腿蹲（Battement foudu 音译：巴特忙·风鸠）

单腿蹲是芭蕾训练中重要的环节之一，它与半蹲、全蹲相似。单腿蹲是一条腿在缓慢不停地做屈伸运动，另一条腿做控制动作。动力腿和主力腿要同时弯曲，同时伸直，难度增大，锻炼了腿和各部关节的柔韧性、稳定性和控制力。

单腿蹲动作做法如下。

（1）准备动作：单手扶把，五位站好。

（2）主力腿支撑好身体，动力腿的脚从五位经擦地向旁抬起 45 度。（见图 3-44）

主力腿慢慢下蹲，同时动力腿的大腿保持不动，小腿收回成前小吸腿位置。（见图 3-45）

（3）然后主力腿缓慢伸直，动力腿仍保持大腿不动伸向旁 45 度。

（4）第二次主力腿同样缓慢下蹲，动力腿保持大腿不动，小腿回收成后小掖腿（见图 3-46）

图 3-44

图 3-45

图 3-46

（5）主力腿缓慢伸直，动力腿大腿不动，小腿伸向旁 45 度。注意主力腿的动作基本不变，动力腿收前小吸腿时，可伸向前也可伸向旁；动力腿收后小掖腿时，可伸向旁也可伸向后。如果是收前小吸腿不能直接伸向后，同样后小掖腿也不能直接伸向前。（见图 3-47 和图 3-48）

图 3-47

图 3-48

学法指导

1．单腿蹲要保持好上身的正确姿态，有控制地下蹲，蹲到跟踺有点紧张感，不能起脚后跟。

2．单腿蹲伸直的同时也是动力腿向前、旁、后任何一个方向伸展开 45 度腿的时候，两腿要全部伸直后再蹲，不能未伸直又接着蹲。

3．单腿蹲的特点是同时蹲同时直。

4．单腿蹲时要保持好上身姿态，不能坐胯、塌腰。

二、把上蹲组合

把杆上的半蹲和全蹲练习是围绕膝关节的运动，可以锻炼膝关节的柔韧性和腿部的肌肉力量。组合的训练使学生在优美音乐的配合下，不再觉得练习枯燥、乏味，从而加大训练的力度和强度，为跳跃、技巧创造条件，使跳跃既有力又富有弹性。

（一）双手扶把半蹲组合

音乐 3/4 拍。

准备姿态：双手扶把与肩同宽，双脚一位站好。

[1]双脚一位站好，双手轻轻从身体两旁抬起放在把杆上，与肩同宽。

[2]1—3 双脚一位站好，双腿随音乐慢慢半蹲。

2—3 双脚一位站好，双腿随音乐慢慢伸直站立。

3—3 双脚一位站好，双腿随音乐慢慢半蹲。

4—3 左脚原地不动，右腿半蹲，右脚向右迈开一步，成二位半蹲，双腿伸直站立。

5—3 双脚二位站好，双腿随音乐慢慢半蹲。

6—3 双脚二位站好，双腿随音乐慢慢伸直站立。

7—3 双脚二位站好，双腿随音乐慢慢半蹲。

8—3 左脚原地不动，右腿半蹲，右脚向左收回至五位半蹲，双腿伸直站立。

[3]1—3 双脚五位站好，右脚在前，双腿随音乐慢慢半蹲。

2—3 双脚五位站好，右脚在前，双腿随音乐慢慢伸直站立。

3—3 双脚五位站好，右脚在前，双腿随音乐慢慢半蹲。

4—3 右脚原地不动，左腿半蹲，左脚向左打开，收回到左脚前五位，随音乐双腿慢慢伸直站立。

5—3 双脚五位站好，左脚在前，双腿随音乐慢慢半蹲。

6—3 双脚五位站好，左脚在前，双腿随音乐慢慢伸直站立。

7—3 双脚五位站好，左脚在前，双腿随音乐慢慢半蹲。

8—3 右脚原地不动，左腿向左打开至二位半蹲，左脚向右收回至一位半蹲，双腿随音乐慢慢伸直站立。

学法指导

1. 在做半蹲组合时，要收腹，不能撅臀。
2. 做组合时，一定要随着音乐，把动作分布均匀，不能快蹲快起。
3. 在这个组合中，重心的移动也要掌握好，不能扭腰。
4. 组合动作时，双腿要同时蹲，同时起。

（二）单手扶把半蹲全蹲

音乐 3/4 拍。

准备姿态：双脚一位，左手扶把，右手一位。

[1]保持准备姿态不动。

[2]1—3 拍双脚一位半蹲，右手从一位抬到二位。

2—3 拍双腿伸直站立，右手保持二位不动。

3—3 拍双脚一位半蹲，右手从二位打开到七位。

4—3 拍双腿伸直站立，右手保持七位不动。

5—3 拍双脚立半脚尖保持不动。

6—3 拍双脚立半脚尖保持不动。

7—3 拍双脚脚后跟轻轻落地。

8—3 拍保持姿态不变。

[3]1—3 拍双脚一位半蹲，右手呼吸向下。

2—3 拍保持姿态不变。

3—3 拍双脚一位全蹲，右手呼吸从七位到一位。

4—3 拍保持姿态不变。

5—3 双腿伸直站立。

6—3 右手从一位抬至二位。

7—3 左脚保持不动，右脚向旁擦出至二位。

8—3 右手经过七位呼吸打开至一位。

[4]1—3 拍双脚二位半蹲，右手从一位抬到二位。

2—3 拍双腿伸直站立，右手保持二位不动。

3—3 拍双脚二位半蹲，右手从二位打开到七位。

4—3 拍双腿伸直站立，右手保持七位不动。

5—3 拍双脚立半脚尖保持不动。

6—3 拍双脚立半脚尖保持不动。

7—3 拍双脚脚后跟轻轻落地。

8—3 拍双脚二位半蹲，右手呼吸向下。

[5]1—3 拍双脚二位全蹲，2—3 右手呼吸从七位到一位。

3—3 双腿伸直站立，4—3 右手从一位抬至二位。

5—3 左脚保持不动，6—3 右脚向左擦回收至五位。

7—3 右手经过七位呼吸打开至一位。

8—3 保持姿态不动。

[6]1—3 拍双脚五位半蹲，右手从一位抬到二位。

2—3 拍双腿伸直站立，右手保持二位不动。

3—3 拍双脚五位半蹲，右手从二位打开到七位。

4—3 拍双腿伸直站立，右手保持七位不动。

5—3 拍双脚立半脚尖保持不动。

6—3 拍双脚立半脚尖保持不动。

7—3 拍双脚脚后跟轻轻落地。

8—3 拍双脚脚后跟轻轻落地。

[7]1—3 拍双脚五位半蹲，右手呼吸向下。

2—3 拍双脚五位半蹲，右手呼吸向下。

3—3 拍双脚五位全蹲，右手呼吸从七位到一位。

4—3 拍双脚五位全蹲，右手呼吸从七位到一位。

5—3 双腿伸直站立，右手从一位抬至二位。

6—3 左脚保持不动。

7—3 右脚向前擦出至四位。

8—3 右手经过七位呼吸打开至一位。

[8]1—3 拍双脚四位半蹲，右手从一位抬到二位。

2—3 拍双腿伸直站立，右手保持二位不动。

3—3 拍双脚四位半蹲，右手从二位打开到七位。

4—3 拍双腿伸直站立，右手保持七位不动。
5—3 拍双脚立半脚尖保持不动。
6—3 拍双脚立半脚尖保持不动。
7—3 拍双脚脚后跟轻轻落地。
8—3 拍双脚脚后跟轻轻落地。
[9]1—3 拍双脚四位半蹲，右手呼吸向下。
2—3 拍双脚四位半蹲，右手呼吸向下。
3—3 拍双脚四位全蹲，右手呼吸从七位到一位。
4—3 拍双脚四位全蹲，右手呼吸从七位到一位。
5—3 双腿伸直站立。
6—3 右手从一位抬至二位。
7—3 重心向后移右脚点地。
8—3 右手打开至七位。
[10]1—3 重心移至主力腿立半脚尖。
2—3 右脚前吸腿。
3—3 保持姿态。
4—3 保持姿态，结束。

学法指导

1. 组合中的半蹲和全蹲要有明显的区别。
2. 组合中的全蹲只有一位、二位、五位和四位可以立半脚尖，二位全蹲不可以抬脚尖。
3. 手臂的动作要伸远伸长不能僵硬，要流畅。
4. 半蹲和全蹲要有被迫下蹲的感觉，起身时也要找到对抗的力量。

（三）单腿蹲

音乐 3/4 拍。
准备姿态：左手扶把，右手一位，右脚前五位站立。
右手由一位经二位到七位，同时右腿向旁擦地抬起至 45 度。
[1]1—3 主力腿半蹲，同时右腿收前小吸腿。
2—3 右手由七位至一位。
3—3 主力腿直膝，同时右腿向前伸出。
4—3 右手由一位经二位打开至七位。
5—3 主力腿半蹲，同时右腿收前小吸腿。
6—3 右手由七位至一位。
7—3 主力腿直膝，同时右腿向前伸出。
8—3 右手由一位经二位打开至七位。
[2]1—3 主力腿半蹲，同时右腿收前小吸腿。
2—3 右手由七位至一位。
3—3 主力腿直膝，同时右腿向旁伸出。
4—3 右手由一位经二位向旁打开至七位。
5—3 主力腿半蹲，同时右腿收前小吸腿。

6—3 右手由七位至一位。
7—3 主力腿直膝，同时右腿向旁伸出。
8—3 右手由一位经二位向旁打开至七位。
[3]1—3 主力腿半蹲，同时右腿收后小掖腿。
2—3 右手由七位至一位。
3—3 主力腿直膝，同时右腿向后伸出。
4—3 右手由一位向前伸出。
5—3 主力腿半蹲，同时右腿收后小掖腿。
6—3 右手由七位至一位。
7—3 主力腿直膝，同时右腿向后伸出。
8—3 右手由一位向前伸出。
[4]1—3 主力腿半蹲，同时右腿收后小掖腿。
2—3 右手由前方收回一位。
3—3 主力腿直膝，同时右腿向旁伸出。
4—3 右手由一位经二位打开至七位。
5—3 主力腿半蹲，同时右腿收前小吸腿。
6—3 右手由七位至一位。
7—3 拍主力腿直膝，同时右腿向旁伸出，右手由一位经二位打开至七位。
8—3 拍右脚绷脚点地擦地收回前五位，右手由七位至一位。

学法指导

1. 做单腿蹲一定要同时蹲同时起。
2. 在出腿时大腿的高度不变，防止膝盖下降。
3. 保持上身姿态，不坐胯，不塌腰。

实战训练

1. 通过练习掌握半蹲、全蹲和单腿蹲。
2. 通过半蹲全蹲的练习来锻炼膝关节的柔韧性和腿部力量。
3. 组合的练习要合着音乐，学员之间可以相互观摩。

知识窗

芭蕾舞服的改革

进入 18 世纪后，男子垄断舞剧的状况逐渐被打破。其中，以卡玛戈和莎莱为最著名。这首先归功于服装的改革，18 世纪 30 年代，这位被伏尔泰称为“敢于与男子比试高低的女演员”卡玛戈开始对那些虽然美丽但很沉重的服装感到厌烦，于是她就把她的舞群裁剪得短了些，使得她的脚踝部分露了出来，并且去掉了高跟鞋，创造出复杂舞步，甚至有为技巧而技巧的倾向。可以想象，当时人们为此大为震惊，还引起某些人的恶意攻击。但是，由于裙子短了使得她能够跳得更自由，最终成为第一个跳“打击”动作的女演员。

而另一位莎莱则善于用舞蹈动作及面部表情揭示内容。她抛弃了传统的鲸骨裙，改为穿着朴素的连衣裙，无跟的便鞋，并且不戴假发，把头发自由地披在双肩上，没有任何装饰品，向观众展示了人体自然美德魅力。从此以后，所有的舞蹈者都把裙子裁短了，把鞋跟去掉了，把假发解下了。与卡玛戈相比，莎莱具有另一种表演风格，一个重舞，一个重戏。可以说，她们是芭蕾史上出现的两种舞蹈表演风格的先驱。

拓展阅读

古典芭蕾舞剧代名词——《天鹅湖》

在人们的心目里，芭蕾是充满诗意美的艺术。是啊，那凝聚着诗韵的舞姿，那像诗一样洗练清丽的线条，那缓急抑扬的节律，那轻盈俊逸的足尖舞步，包含了多少美妙的意境！欣赏一次芭蕾表演，陶冶情操、引发遐想，的确是令人心驰神往的艺术享受。

芭蕾舞是高雅艺术领域中一项美丽的王冠，而常演不衰的《天鹅湖》则是芭蕾王冠上最美丽的钻石。《天鹅湖》之所以成为芭蕾历史上最经典的剧目，同时也是人类历史上一件灿灿生光的完美艺术品，是因为它有典雅华美的色彩、跌宕起伏的剧情、优美动人的舞蹈设计，使人仿佛置身于童话般的梦境中。人说百看不厌，绝非虚言。

很多人先知道了《天鹅湖》，才认识了芭蕾。芭蕾的本质是诗，是画，长于传达某种朦胧的诗情、某种淡雅的画意。而著名的古典艺术芭蕾《天鹅湖》不仅仅表达了芭蕾深刻的本质，而且淋漓尽致地把永恒的爱情通过足尖来表达。

《天鹅湖》可以说是古典芭蕾舞剧中最有代表性的剧目，所以今天一说到芭蕾舞就会自然而然地想到由柴可夫斯基作曲、壁季帕和伊万洛夫编导的经典剧目。

一部芭蕾舞剧目一般先有了台本、结构的设计，然后再谱曲。然而，谁也不会想到，柴可夫斯基的《天鹅湖》是先有了音乐的雏形，而后诞生舞剧台本的。这是怎么回事呢？

1871 年夏天，柴可夫斯基听到妹妹给孩子们讲一个美丽的童话，即“公主被魔王变成天鹅的故事”，他立刻对这个故事产生了极大的兴趣。于是，柴可夫斯基便以这个传说为基础，构思出了美妙的音乐。没想到一段余兴之作，竟然成了当今芭蕾舞曲之王。柴可夫斯基曾坦承他谱写天鹅湖的动机是因为金钱上的需要，以及长久以来他一直有创作芭蕾音乐的欲望，也因此我们才能有缘聆听这部有史以来最受欢迎的芭蕾音乐。《天鹅湖》是柴可夫斯基除了《睡美人》和《胡桃夹子》以外的永恒杰作，它们并称为柴可夫斯基三大舞剧。

第四节 中间舞姿跳转组合训练

知识领航

把杆部分的训练最终是为了脱把后在中间做出优美的舞姿，所以把杆部分的动作训练应逐步在中间同样的步骤进行训练，为今后完整的舞蹈表演做好准备。首先我们从跳跃开始练习。

一、跳跃基本动作训练

芭蕾中的跳跃动作非常丰富，训练中一般分大、中、小三类跳。小跳尽管离地不高，每个动作必须在空中完成，脚腕要有力和灵活地推地，动作变化莫测，在芭蕾中最具有特色。中跳要比小跳离地高一些，空中舞姿也更舒展一些。大跳则要在空中完成高难度的技巧动作，所以要求在空中停留的时间更长一些来完成空中复杂的动作变化。所以在大跳之前加有助跑和助跳之类的动作来帮助完成。由于大跳的专业技能要求较高，所以在这里详细地介绍几种小跳和中跳。

（一）原地小跳（Saute 音译：苏呆）

做法：一位站立，双手一位。原地半蹲，推地跳起，在空中两腿伸直，绷脚背，落地任一位半蹲，伸直还原。

（二）五位换脚小跳（Change ment de pied 音译：尚士曼·德·皮耶）

做法：五位换脚小跳是在正式跳跃训练之前的一种关节活动准备动作，也是在紧张的训练结束之后的一种放松动作，五位换脚小跳不要求跳得高，只需要脚尖刚刚离开地面，在空中伸直膝盖，绷脚，两腿经一位互换位置，寻找直上直下的垂直空间感。

（三）变位跳（Echappe 音译：埃沙佩）

做法：五位站好，双手一位，起跳时经过半蹲，双脚推地跳起，在空中两腿伸直绷脚夹紧，落地成二位半蹲，伸直还原，同时双手由一位打开至七位；双脚再由二位回到五位，双手由七位回到一位。变位跳也可以二位变五位，五位变四位，四位变五位。和五位变二位的要领一样，离地伸直膝盖，绷直脚，落地半蹲。

学法指导

1．一位原地小跳、五位换脚小跳、变位跳都必须在半蹲位置上起跳，半蹲时，不允许提起脚后跟。

2．起跳时要有力地推地在空中伸直膝盖，绷直脚背。

3．落地必须经过脚尖、脚掌、脚跟依次落地后半蹲，切忌只落到脚掌接着又起跳。

4．前面三种小跳都属于双起双落小跳，双脚推地跳起用力要均匀，离地在空中要寻找空间直立的感觉。

（四）擦地小跳（Assemble 音译：阿桑扑蕾）

擦地小跳比前面几种小跳复杂一些，但仍属于小跳范畴。擦地小跳对于训练小腿以下的灵活性及膝关节的柔韧性有很好的训练价值。

做法：右脚后五位站立，双手一位。五位半蹲，右脚向旁擦地，左脚推地跳起，右脚离地 25 度。双脚同时落地，右脚落前五位，半蹲。

学法指导

1. 初跳时不要跳得太高，要注意跳的要领和协调性。
2. 落地时要有控制，要从脚尖、脚掌、脚跟依次落地再半蹲。
3. 在各种跳跃中脚趾是全身中最后一个离开地面而最先落地的部位。
4. 强调腿的外开及后背力量的控制。
5. 擦地小跳向前做，后五位准备，每次落前五位。擦地小跳向后做，前五位准备，每次落后五位。

二、跳跃组合训练

优美的舞姿展现需要扎实的基本功训练，跳跃训练也是必不可少的，它可以训练脚背、膝盖、小腿的控制，还可以锻炼腿部的力量。舞蹈中跳跃的增加可以使舞姿更加舒展些，技巧展示的难度有所增加，组合训练可以完成目标。

（一）一位小跳组合

音乐 4/4 拍。

准备姿态：双脚一位站立，双手一位准备。

准备拍：双脚一位保持不动，双手前四拍保持不动，后四拍从一位抬起至七位。

[1]1—4 拍双手保持七位不动，连续 4 次一位小跳。
  5—8 拍双手保持七位不动，双腿慢慢蹲起。
[2]1—4 拍双手保持七位不动，连续 4 次一位小跳。
  5—8 拍双手保持七位不动，双腿慢慢蹲起。
[3]1—4 拍双手保持七位不动，连续 4 次一位小跳。
  5—8 拍双手保持七位不动，双腿慢慢蹲起。
[4]1—4 拍双手保持七位不动，连续 4 次一位小跳。
  5—8 拍双手保持七位不动，双腿慢慢蹲起。
[5]1—4 双脚保持一位站立。
  5—8 双手从七位手臂伸远伸长呼吸至一位。

学法指导

1. 本组合是一位小跳最基本的练习，开始时动作不宜太难，节奏也不需要有太多的变化，要求的是动作的准确。
2. 空中的腿一定要伸直，膝盖不能弯曲。
3. 脚背在空中一定要绷，脚背的力量一定要送到脚趾尖。
4. 跳跃时不能憋气，肩膀一定要放松。

5．肚子不能挺，臀部不能翘。

（二）五位小跳组合

音乐 2/4 拍。
准备拍：双脚五位站好，右脚在前。双手一位准备。
[1]1—2 拍双脚五位向下半蹲。
3—4 拍双脚向上五位小跳。
5—8 双脚慢慢伸直站立。
[2]1—2 拍双脚五位向下半蹲。
3—4 拍向上五位小跳 2 次，同时换左脚在前。
5—8 双脚慢慢伸直站立。
[3]1—2 拍双脚五位向下半蹲。
3—4 拍双脚向上五位小跳。
5—8 双脚慢慢伸直站立。
[4]1—2 拍双脚五位向下半蹲。
3—4 拍向上五位小跳 2 次，同时换右脚在前。
5—8 双脚慢慢伸直站立。
[5]1—8 双脚五位站好，双手一位结束。

学法指导

1．五位把下站立，双脚要完全重叠。
2．小跳在空中脚跟要离开地，不能抬脚后跟而没有跳跃。
3．身体的重心一定要稳住，胯要正。

（三）变位跳

音乐 2/4 拍。
准备姿态：双脚一位站好，双手一位准备。
准备拍：准备姿态站好。
[1]1—2 拍一位小跳两次。
3—4 拍双腿伸直站立。
5—6 拍一位小跳两次。
7—8 拍双腿伸直站立。
[2]1—2 拍双手小七位打开，双脚二位小跳 2 次。
3—4 拍双腿伸直站立。
5—6 拍双手小七位打开，双脚二位小跳 2 次。
7—8 拍双腿伸直站立。
[3]1—2 拍双手收回一位，右脚在前五位小跳 2 次。
3—4 拍双腿伸直站立。
5—6 拍双手收回一位，右脚在前五位小跳 2 次。
7—8 拍双腿伸直站立。

[4]1—2 拍双手保持一位不动，左脚在前五位小跳 2 次。

3—4 拍双腿伸直站立。

5—6 拍双手保持一位不动，左脚在前五位小跳 2 次。

7—8 拍双腿伸直站立。

[5]1—8 拍保持一位站立姿态，双手一位。

学法指导

1. 每一个脚位变化要利索、清晰。
2. 小跳不要太高但要轻盈。
3. 要强调腿的外开，后背力量的控制。

实战训练

1. 先训练学员的脚背，再开始训练学员的跳跃。
2. 先单一练习一位小跳，再练习二位、五位小跳。
3. 在练习好小跳的基础上再练习变位跳。
4. 小组练习，合乐练习。

知识窗

现代芭蕾早期重要人物——自由的邓肯

来自大西洋彼岸的赤脚舞神邓肯首先向传统芭蕾宣战，这是可以理解的。因为在 19 世纪末 20 世纪初，美国本土可以说几乎不存在芭蕾传统，而美国人那种崇尚自由的思想传统和邓肯本身热情奔放的天性及放荡不羁的性格使她成为第一个向具有几百年传统的芭蕾艺术宣战进而全面否定芭蕾的舞蹈家，也理所当然地成为“现代舞之母”。

然而与邓肯的初衷相反，她不仅没有而且也不可能否定芭蕾，反而使芭蕾在她的影响下取得了新的、更加蓬勃的发展。20 世纪初，她在欧洲进行的轰动一时的巡回演出对芭蕾乃至整个舞蹈艺术的发展产生了非常广泛而深远的影响。

拓展阅读

圣诞舞剧——《胡桃夹子》

《胡桃夹子》是柴可夫斯基芭蕾三部曲之一，也是最后一部。首演于 1892 年 12 月 17 日马林斯基剧院，是现如今基洛夫芭蕾舞团的前身。直到 1934 年，《胡桃夹子》才到俄罗斯以外的国家和地区上演。那时人们通常按照乐曲标题称之为《胡桃夹子组曲》，因为人们对这个组曲比对舞剧要熟悉得多。后来情况大大改观了，它成为了圣诞节的一项仪式。这应当归功于乔治·巴兰钦和他的纽约城市芭蕾舞团。

《胡桃夹子》逐渐成就了“圣诞芭蕾”的美誉，自首演至今 100 多年后的今天，它的演出版本和场次在西方十大芭蕾舞剧的经典当中始终高举榜首。可谓经典中的经典。

第五节　芭蕾舞舞步素材组合——华尔兹

知识领航

舞姿的展现是对芭蕾训练最好的检验。华尔兹和着优美的音乐，跳着轻盈的舞步，既训练了舞蹈者的后背，也展现了脚步的灵活运用。

一、基本动作——步伐元素

（一）波浪步（Balance 音译：巴朗赛）

波浪步是一种优美的三拍子舞步，整个舞步犹如水面波浪上下起伏，连绵不断，波浪步可以表现欢乐、热烈的场面。

做法：右脚后五位站立，双手小七位准备。第三拍的后半拍主力腿半蹲，右腿向旁擦地踢起 25 度，主力腿伸直立半脚尖。

第一拍：右脚向右旁迈一步落地屈膝，同时左脚放于右腿后小掖腿位置。

第二拍：左脚落地立半脚尖，右脚绷脚伸直略离地面。

第三拍前半拍：右脚落地屈膝，左脚在右腿后小掖腿位置。

（二）划步（Pas de basque 音译：帕·德·巴斯克）

划步同波浪步一样都是三拍子舞步，在波浪步组合中向前进一般用划步，后退用波浪步。

做法：右脚前五位，身体向 8 点站立，双手小七位。

准备拍两小节，第二小节的第一至二拍半蹲，第三拍右脚擦地伸向 8 点。

第一拍：右脚向 8 点沿地面划向 2 点方向，往远落地支撑脚，左脚经一位滑向前对 2 点，动作在半蹲状态上做。

第二拍：左脚向右脚前落地成支撑脚，右脚自然离地。

第三拍：右脚后五位落地半蹲。接着用同样的方法做左脚动作。

二、组合动作

（一）组合一

音乐 3/4 拍。

准备姿态：正面三位脚，双手小七位手心向下。

[1]1—3 右脚先做，并带手做 4 次向旁的波浪步。

2—3 同 1—3。

3—3 同 1—3。

4—3 同 1—3。

5—3 向前行进步伐，双手从一位打开到二位。

6—3 走到台前。

7—3 右脚向旁迈步。

8—3 做行礼。

[2]1—3 左脚先做，向后移动 4 次做向旁的波浪步。

2—3 同 1—3。

3—3 同 1—3。

4—3 同 1—3。

5—3 向前行进步伐，双手从一位打开至二位。

6—3 走到台前。

7—3 左脚向前迈步。

8—3 做行礼。

[3]1—3 右脚先做，向前、向后、向右旁各一次波浪步，左脚向旁迈步，右脚收后三位立住。

2—3 同 1—3。

3—3 同 1—3。

4—3 同 1—3。

5—3 做相反动作。

6—3 同 5—3。

7—3 同 5—3。

8—3 同 5—3。

[4]1—3 正前方向做波浪步。

2—3 向后带转身 1/2；背对观众。

3—3 向 6 点方向做一遍一样的动作。

4—3 回到正面。

5—3 向旁做两次波浪步。

6—3 同 5—3。

7—3 右脚旁迈步，左脚收前五位。

8—3 同时双手收准备位。

[5]1—3 到 8—3 左脚做反面动作，向旁做的波浪步向后退的要大一些。

[6]1—3 双手小七位，向前做划步舞步 4 次。

2—3 同 1—3。

3—3 同 1—3。

4—3 同 1—3。

5—3 带手的姿态继续做两次。

6—3 同 5—3。

7—3 右脚向旁迈步行礼。

8—3 结束。

（二）组合二

音乐 3/4 拍，曲《友谊地久天长》。

准备姿态：正步或小八字步站立，身体向 2 点，双臂一前一后向远方伸展。

[1]1—3 上身与手臂姿态不变，碎步跑到台中。

2—3 25 度跑跳步，一拍一次。

3—3 五位顺时针并立转，双手三位。

4—3 右脚在前，左脚后点步，双手一位。
5—3 向两旁，做先左后右的波浪步。（见图 3-49）
6—3 同 5—3
7—3 向 8 点做波浪步。（见图 3-50）
8—3 向 4 点做波浪步。（见图 3-51）

图 3-49

图 3-50

图 3-51

[2]1—3 向正前方做波浪步。（见图 3-52）
2—3 向正后方做波浪步。
3—3 五位逆时针并立转，双手三位。
4—3 左脚在前，右脚绷脚后点地，双手一位。
5—3 到 8—3 同 1—3 到 4—3，方向相反。
[3]1—3 向 8 点行进波浪步，先左手左脚，
2—3 再右手右脚。
3—3 快速逆时针转身，向两旁各做波浪步。
4—3 同 3—3。
5—3 向 4 点方向退，做敞开式迎风展翅舞姿 2 个。
6—3 同 5—3。
7—3 逆时针五位并立转，双手三位。
8—3 右脚后绷脚点步，双手一位。
[4]动作同[3]。
[5]1—3 左脚向 2 点上步成前点步。
2—3 双手由一位经二位打开至七位，眼随左手。（见图 3-53）
3—3 右脚向 8 点上步成前点步。
4—3 双手由一位经二位打开至七位，眼随右手。
5—3 双手三位，左脚向 8 点绷脚擦出。
6—3 动作同 5—3。
7—3 左腿向四点撤步为主力腿，右脚绷脚点地为动力腿，双手三位。
8—3 经胸前落下到体侧，左手三位，右手七位，眼睛看 1 点。（见图 3-54）

图 3-52

图 3-53

图 3-54

教学提示

1. 舞步要轻盈、流畅。
2. 控制后背的垂直，保持上身舞姿的稳定。
3. 动作要和着音乐，不能抢拍，也不能慢半拍。
4. 要抬头挺胸，不能翘臀。

实战训练

1. 选择三拍子的音乐给学员练习华尔兹步。
2. 可以两个学员一同练习。相互帮助。
3. 舞姿要优美，动作要协调。

拓展阅读

引领俄罗斯风暴的芭蕾活动家佳吉列夫

芭蕾史上有一位占有特殊地位的特殊人物，他既不是芭蕾演员也不是芭蕾教师或编导，但他却创造了奇迹，使西欧濒于衰亡的芭蕾艺术起死回生。他，就是俄罗斯舞蹈活动家佳吉列夫。著名的电影《红菱艳》就是以他为原型的。

当芭蕾在西欧陷入严重的小腿危机时，佳吉列夫以他非凡的洞察力、渊博的学识和卓越的组织才能把俄国当时的芭蕾、美术、音乐精英聚集在自己周围在彼得堡组织了以“纯艺术”为宗旨的艺术团体——“艺术世界”，并担任同名刊物的主编。佳吉列夫聪明才智的一个重要方面表现在他对现代艺术的发展有着罕见的洞察力，并非常善于发现和起用新生力量去推动现代艺术的发展。

他把很多当时并不出名的艺术家聚集在自己的周围，其中很大一部分人后来成为 21 世纪文化艺术的主将或闻名天下的大师。从 1909 年俄罗斯芭蕾第一次震惊西方，到 1929 年佳吉列夫去世的 20 年中，在他领导下工作过的有舞剧编导福金、巴兰钦、里法，画家毕加索，作曲家斯特拉文斯基、普罗科菲耶夫、德彪西、拉威尔，舞蹈家巴甫洛娃、尼金斯基等，掀起了席卷全球的“俄罗斯风暴”。正是由于佳吉列夫启用了这批“高、精、尖”人才，让他们鼎力合作，新芭蕾才在这场风暴中诞生和发展起来，而佳吉列夫本人也因之成为领导芭蕾新潮流当之无愧的领导人物。

第四章　有氧健身操

学习目标

1．认识并了解有氧健身操。
2．掌握有氧健身操的身体姿态、基本步伐及其练习方法。
3．基本掌握炫彩动感健美操、小球操、花球舞蹈啦啦操三套动作，并能配乐练习。
4．掌握身体核心力量的练习方法，并能在平时积极练习。
5．学会简单运动损伤的处理方法。

内容导读

随着文明的发展和社会的进步，越来越多的人开始注重健康与快乐。有氧健身操作为一种既古老又全新的锻炼形式及其在雕塑形体方面的重要作用，已越来越受到人们的喜爱。本章将从有氧健身操的理论知识、基本身体姿态、基本步伐、力量练习等几个方面进行全新诠释，并重点介绍三套具有代表性的有氧健身操，即炫彩动感健美操、小球操、啦啦操。快快行动起来，让我们一起来开启时尚健身、塑型之门吧。

第一节　有氧健身操基础知识简介

知识领航

本节对有氧健身操的概念、特点、分类、作用等进行介绍。通过对本节的学习，学员对有氧健身操有一个清晰的认识。最后是常见的运动损伤介绍，它为广大学员享受运动快乐、远离运动伤害奠定了基础。

一、什么是有氧健身操

有氧运动是指在有氧代谢的状态下做运动，从而达到消耗机体多余脂肪、减肥瘦身的目的。有氧健身操是一种将健美操和现代流行热舞相结合的一种具有崭新理念的有氧健身运动。它在音乐的伴奏下，通过健美操不同组合动作及舞蹈动作的练习，进行持续的（时间大于 20 分钟）运动。通过练习，除了可增强体质外，还能保持精神舒畅、活力充沛，拥有骄人身段和健康美丽。

二、有氧健身操的特点

（一）广泛的适应性

有氧健身操练习形式多样，无论是公园还是厅堂，都能很好地进行锻炼；同时，健身操也可借助于轻器械进行锻炼，如哑铃、踏板、橡皮筋、健身球等；另外，水中健身操对于中老年人和一些慢性病、身体创伤的康复病人能起到较好的辅助治疗作用。

（二）注重个体差异

有氧健身操的动作套路形式多样，节奏有快有慢，套路有长有短，动作有难有易，运动量和运动强度的大小可任意调节，适合于不同的人们进行锻炼，各种人群都能从健身操练习中找到适合自己的方式。

（三）健身的安全性

有氧健身操所设计的运动负荷及运动节奏适合一般人的体质。人们在平坦的地面上，在欢快的音乐声中，跟随快慢有序的节奏进行运动，十分安全，而且有效。

三、有氧健身操的作用

（一）健身强体

持之以恒的健身操锻炼可以促进健康、增强体质。具体表现在提高全身的供氧能力，改良血液循环的状况；身体各关节的弹性、灵活性、韧性增强；提高骨骼系统的抗弯曲、压拉、扭转能力；提高消化系统的机能，刺激、加强了肠胃的蠕动，有利于营养物质的吸收。

（二）塑造形体美

有氧健身操运动可以修饰和改善体型的不足，使身体和谐、匀称。有氧健身操的动作大方、美观、充满活力，能有效地提高人体的协调性，使人在日常的基本生活技能中表现出动作美，显示出充满个性魅力的活力。有氧健身操运动可以培养儿童、少年形成正确的身体姿势。培养青年人动作优美、朝气蓬勃。延缓中年人身体机能的衰退，保持良好的体型。使老年人的肌肉富有弹性，骨骼结实。此外，有氧健身操还能纠正不正确的姿态。

（三）提高艺术修养

当有氧健身操运动让练习者的健身操运动技艺熟练时，练习者立即成为审美对象。练习者表现出一种运动天赋，表现出才华横溢的活力，表现出空间中的节奏感。或者说，练习者在运动的同时培养了自己的审美意识。

（四）健美精神，陶冶情操

锻炼者通过实践练习中的觉悟，突破个人的感官经验，让自己的精神生命获得自由。有氧健身操的运动使人们在舒畅快乐的情景下，让思想和性格受到有益的影响，高扬了人格的尊严。

四、有氧健身操的分类

有氧健身操练习的主要目的是锻炼身体、保持健康、塑造优美体型。按练习形式可分为徒手健身操、器械健身操和特殊场地健身操三大类。

（一）徒手健身操

徒手健身操包括传统意义上的一般健美操和为满足不同人群兴趣和需求的各种不同风格的健身操。一般健美操其主要练习目的是提高心肺功能和人体的有氧代谢能力。近年来，出现了多种新的徒手健美操练习形式，如正在国内外流行的搏击操。其主要练习目的是增强肌肉的力量、弹性与身体的柔韧性，尤其是搏击操练习对腰腹有特殊效果；而拉丁健美操和街舞的动作变化丰富，规律性不强，能提高学员的协调能力。

（二）器械健身操

器械健身操是利用轻器械、以力量练习为主的一种有氧健身操。器械健身操利用各种轻器械进行练习，既增强了健身的效果，也使练习形式更加多样化。如踏板健身操加大了腿部的运动负荷，增加了运动量，但减轻了对下肢关节的冲击力；哑铃操、橡皮筋操、健身球操等可锻炼到全身的每一肌肉群，有效地提高肌肉力量，尤其是上肢力量，弥补了徒手健身操的不足。

（三）特殊场地健身操

特殊场地健身操以其特殊的功效而在国外发展很快，但在国内还开展较少。目前我们了解到的有水中健身操和固定器械健身操。水中健身操是国外非常流行的一种独特的健身操练习形式，利用水的阻力及水传导热能快的原理提高练习效果，从而达到锻炼身体和减肥的目的，深受中老年人、康复病人和减肥者的喜爱。固定器械健身操，如功率自行车等，人们可根据自己的需要进行练习，达到锻炼身体的目的。

知识窗

遵循科学健身规律

健康、青春、靓丽、快乐是每个人所向往的生活态势，而有氧健身操运动能为你实现这样的梦想。当然，想要达到好的健身效果，无论是锻炼频率还是锻炼强度，都遵循科学的健身规律是非常必要的。

五、运动损伤

运动损伤多见于热爱运动者，但常常因缺乏一定的运动训练卫生知识和缺少运动损伤后的应急措施，而对伤者造成不必要的痛苦，甚至导致终身遗憾。

（1）擦伤，即皮肤的表皮擦伤，如擦伤部位较浅，只需涂红药水即可；如擦伤创面较脏或有渗血时，应用生理盐水清创后再涂上红药水或紫药水。

（2）肌肉拉伤，指肌纤维撕裂而致的损伤。主要由于运动过度或热身不足造成，可根据疼痛程度知道受伤的轻重，一旦出现痛感应立即停止运动，并在痛点敷上冰块或冷毛巾，保持30分钟，以使小血管收缩，减少局部充血、水肿。切忌搓揉及热敷。

（3）挫伤：由于身体局部受到钝器打击而引起的组织损伤。轻度损伤不需特殊处理，经冷敷处理 24 小时后可用活血化瘀叮剂，局部可用伤湿止痛膏贴上，在伤后第一天予以冷敷，第二天热敷。约一周后可吸收消失。较重的挫伤可用云南白药加白酒调敷伤处并包扎，隔日换药一次，每日2～3次，加理疗。

（4）扭伤：由于关节部位突然过猛扭转，拧扭了附在关节外面的韧带及肌腱所致。多发生在踝关节、膝关节、腕关节及腰部，不同部位的扭伤，其治疗方法也不同。

① 急性腰扭伤：可让患者仰卧在垫得较厚的木床上，腰下垫一个枕头，先冷敷，后热敷。

② 关节扭伤：踝关节、膝关节、腕关节扭伤时，将扭伤部位垫高，先冷敷，二三天后再热敷。如扭伤部位肿胀、皮肤青紫和疼痛，可用陈醋半斤炖热后用毛巾蘸敷伤处，每天 2～3 次，每次 10 分钟。

（5）脱臼，即关节脱位。一旦发生脱臼，应嘱病人保持安静、不要活动，更不可揉搓脱臼部位。如脱臼部位在肩部，可把患者肘部弯成直角，再用三角巾把前臂和肘部托起，挂在颈上，再用一条宽带缠过脑部，在对侧脑作结。如脱臼部位在髋部，则应立即让病人躺着送往医院。

（6）骨折：常见骨折分为两种，一种是皮肤不破，没有伤口，断骨不与外界相通，称为闭合性骨折；另一种是骨头的尖端穿过皮肤，有伤口与外界相通，称为开放性骨折。对开放性骨折，不可用手，以免引起骨髓炎，应用消毒纱布对伤口作初步包扎、止血后，再用平木板固定送医院处理。如一时找不到外固定的材料，骨折在上肢者，可屈肘关节固定于躯干上；骨折在下肢者，可伸直腿足，固定于对侧的肢体上。怀疑脊柱有骨折者，需躺卧在门板或担架上，躯干四周用衣服、被单等垫好，不致移动，不能抬伤者头部，这样会引起伤者脊髓损伤或发生截瘫。昏迷者应俯卧，头转向一侧，以免呕吐时将呕吐物吸入肺内。怀疑颈椎骨折时，需在头颈两侧置一枕头或扶持患者头颈部，不使其在运输途中发生晃动。

拓展阅读

运动损伤的处理

运动损伤的处理原则是 RICE，即 R=Rest（休息）I=Ice（冰敷）C=Compression（压迫）E=Elevation（抬高），请牢记哦！

第二节　基本身体姿态训练

知识领航

基本身体姿态是有氧健身操动作中最基本的单位，本节从站姿、头颈、肩、髋部、胸部、手臂等方面，逐一介绍基本动作的要领和练习方法，并为肩部、手臂动作设计了组合练习。通过身体基本姿态的练习，能培养练习者的协调性、节奏感，同时正确的身体姿态对动作的质量及艺术风格起着重要的作用。

一、站姿

健身操中站立姿态的要求是两腿伸直并立，臀部上收，立腰、收紧腹部，沉肩拔背，正直、挺拔，重心落在前脚掌，表现出气宇轩昂、富有朝气的良好气质和身体形态。

（一）训练方法（把杆练习、无把杆的练习）

（1）站立（开立）：正面扶把站立，脚跟并拢，脚尖稍分开，大腿肌肉内收，收腹、立腰，颈部挺直，下鄂微抬。

（2）提踵立：两脚并立，足跟提起，臀部上收，立腰，收紧腹部，两肩下沉，两眼平视，下鄂稍向后收。支撑腿脚跟提起至最大限度，脚跟向前顶，使小腿与脚面在一条垂线上。

（3）点地立：一腿支撑，另一腿伸直前点地（侧点地、后点地），重心在支撑腿上。动力腿伸直、外旋，脚趾触地。

（4）举腿立（吸腿立）：在以上位置基础上，动力腿举起 90 度。

每个动作做 4～8 个八拍。每次训练前可靠墙站立 5～10 分钟，要求脚跟、臀部触及墙，身体其余部位不能触墙。以此作为每天的训练内容之一，持之以恒，打好形体训练的基础。

（二）练习要求

人体站立时要抬头挺胸，收腹、立腰、紧臀，使头、颈、躯干和腿保持在一条垂直线上，下颚微收。不憋气，不耸肩。开始练习时，后面的动作若保持不了，可采用站立姿态。动作转换时上身保持直立，不要有晃动。

二、手型

（一）掌

（1）并掌：大拇指指关节弯曲内扣，其余四指并拢伸直。手腕伸直，使手臂成一条直线。
（2）开掌：五指用力分开，并伸直。
（3）立掌：手掌用力上屈，五指自然弯曲。

（二）拳

（1）实心拳：四指卷握，大拇指末关节压住食指、中指的第二关节。
（2）空心拳：四指卷屈，大拇指末关节压住食指、中指的末关节，拳成空心状。

（三）其他手型

（1）西班牙舞手型：五指分开，小指内旋，拇指稍向内收。
（2）剑指：食指和中指并拢伸直，拇指、无名指、小指内收。
（3）响指：无名指与小指屈握，拇指与中指、食指摩擦后，中指击打掌跟大鱼际处产生响声。

（四）训练方法

教授者逐一示范并简单讲解动作，学员模仿。手型的训练可与后面手臂动作的教学相结合，提高学员的学习兴趣。

（五）要求

手掌紧张，力达指尖，展示出动作的美感和力度，不翘手指。

知识窗

“八邪”

八邪，指手指上的穴位，十指张开，双手互相插入、叩击，是打六邪。然后两手互击虎口，是打八邪。每天打八邪一百次，对于失眠、心脑血管病等都有养生的好处。

三、头颈动作

（一）动作

屈、绕环：头部沿着垂直方向屈伸或垂直轴由左前右后绕至左侧。

（二）练习方法

屈、转、绕环各做 2 个八拍，头部动作写“米”字做 4 个八拍。学员基本掌握后，在音乐的伴奏下练习，可与站立姿态相结合练习。

（三）练习要求

动作要慢，做充分，发力均衡，同时控制好身体的平衡。

四、肩部动作

（一）动作

（1）提肩和沉肩：站立，肩胛骨做向上或向下的运动。
（2）绕和绕环：站立，单肩或双肩以肩关节为轴做弧形运动。小于 360° 为绕，大于 360° 为绕环。

（二）练习方法

单肩（双肩）上提，下沉；单肩（双肩）依次绕或绕环。

（三）组合练习

[1]1—3 左臂由内向外绕成左侧举，4 还原，5—7 右臂由内向外绕成左侧举，8 还原。1—3 双臂同时由内向外绕成侧举，4 还原，5—8 重复 1—4。
[2]同[1]，方向变为由外向内绕。
[3]1—2 拍，左脚向左一大步，成左弓步，同时左肩向后绕环一周。3—4 拍同 1—2 拍，但动作方向相反。5—6 拍，左弓步，同时左臂经前、上向后大绕环一周。7—8 拍同 5—6 拍，但动作方向相反。
[4]1—2 拍，左脚向左一步，右脚尖后点地，上体向左转体 45 度（8 点方向），同时左臂侧举，右臂向前举，3—4 拍同 1—2 拍，但动作方向相反。5—8 拍，左脚向左并步一次，同时两臂经下向左、向上、向右绕环一周，成左脚站立、右脚尖后点地、左臂侧举、右臂前举的姿势。
练习要求：做提肩或沉肩时以最大限度完成，绕或绕环时肩关节要放松，不要缩脖子。

五、髋部

（一）基本动作

（1）顶髋：一侧腿支撑并伸直，另一侧腿屈膝，用力将髋关节急速向水平方向顶出。
（2）摆髋：髋关节做钟摆式的移动。
（3）提髋：髋关节急速向一侧上提。
（4）髋绕和绕环：上提正直，骨盆尽量向侧、前、后移动。

（二）练习要求

动作幅度大，有力度，全身协调。

（三）组合动作

[1]1—2 顶左胯，头左屈，双手扶髋，3—4 顶右胯，头右屈，双手扶髋，5—6 顶左胯，头左转，7 身体左转 90° 双腿屈膝下蹲，左脚尖点地，臂下垂，头后仰，8 还原成站立。

[2]1—2 手臂上举交叉，头后仰，3—4 成侧平举，双腿开立屈膝，5—6 左手随头绕环半周，右手叉腰，7 左手成侧下举，8 还原。

[3]1—2 左脚向左迈一步，提左肩，沉右肩，3—4 方向相反，5—8 双肩后绕 2 圈。

[4]1—4 左脚向左侧迈一步，左手侧平举，5—8 做身体波浪。

[5]同[3]，[6]同[4]，方向相反。

（四）练习方法及要求

教授成套动作前，可将顶胯及身体波浪等稍难的动作先进行多次练习，再逐节教授。

要求：身体姿态正确，动作舒展、大方，能展现个人的姿态美。

六、胸部（含展胸、振胸）

含展胸时幅度要大，振胸时要快速有力，富有弹性。跟着音乐按节奏练习 8 个八拍，纠正学员的错误动作。

七、手臂

手臂的基本姿态一般包括直臂、屈臂和弧形臂等。为了学员学习的方便，本节重点介绍有氧健身操中常用的一些手臂动作。

（一）基本动作

1. 摆动

屈肘前后摆动，两手握拳。屈肘角度 60 度左右，前摆后摆幅度要控制好。

2. 举（上举、前举、侧下举、侧上举、侧举）

以肩关节为轴，臂伸直向某方向抬起。动作要到位、路线要清晰。

3. 屈、伸（胸前上屈、胸前平屈、肩侧屈）

上臂固定，以肘关节为轴进行有弹性的屈、伸动作。

4. 绕环（向内、外、前、后绕或绕环）

两臂或单臂以肩或肘关节为轴做弧线运动。路线要清晰，起始和结束位置要明确。

（二）组合练习

[1]1—2 握拳两手臂侧下，3—4 两手胸前屈臂交叉，5—6 双臂斜上举，7—8 还原。

[2]同[1]，拳变掌。

[3]1 两手臂握拳胸前平屈，2 两手臂侧平举，3 两手臂上举，4 两手臂侧平举，5—7 重复 1—3，8 还原。

[4]同[3]，拳变掌。

（三）练习要求

动作要充分、到位，动作转换要匀速，控制好身体的平衡。动作到位后，注意手臂的力度与手臂动作的保持。

（四）练习方法

先2拍一动练习，再1拍一动练习，动作熟练后，加上踏步的动作练习4个八拍。

拓展阅读

正确的身体姿态

有氧健身操的的身体姿态是根据现代人的人体与行为美的标准而建立的。人体在整个运动中非特殊条件下，应保持自然挺拔，头部稍昂起，颈部挺直，挺胸收腹，腰背挺立，脊柱正直，头、颈、躯干和腿保持在一条垂直线上，四肢在准确的位置上。

第三节　基本步伐

知识领航

基本步伐是有氧健身操动作中最基本的单位，是进行健身操练习的一个重要组成部分，通过基本步伐的练习，能培养练习者的协调性和节奏感。本节重点介绍踏步、开合跳、弹踢跳等七大常用步伐，并通过讲解和练习，使学员能掌握动作要领，学会练习方法，并能结合手臂进行简单的组合动作展示。

一、无冲击力步伐

无冲击力步伐动作是指两腿始终接触地面的动作，包括弹动、半蹲和弓步。

（一）弹动

（1）膝弹动：两腿并拢，膝关节进行有弹性地屈伸。
练习要求：弹动过程中要有蹬直的过程，上体直立。连续做4个八拍的膝弹动。
（2）踝弹动：两腿伸直或屈膝，踝关节有进行弹性地屈伸。
练习要求：脚尖触地的时候控制好上体直立。连续做4个八拍的踝弹动。

（二）半蹲

两腿有控制地屈和伸，包括分腿半蹲和并腿半蹲。
练习要求：对着镜子检查动作，保持2个八拍的时间不动，体会身体的用力状态。并腿蹲和分腿蹲练习分别做2个八拍，2拍一动。

（三）弓步

两脚前后分开，平行站立，下蹲，重心在两脚之间，前腿膝关节弯曲不能超过脚尖。
练习要求：第一个八拍前后弓步，第二个八拍左右弓步，第三、四个八拍转体弓步。

二、无冲击力步伐组合训练

无冲击力步伐组合是由一些简单无冲击力步伐组编而成的，练习时注意保持正确的上体姿态。

组合动作：

[1]步伐：1—4 屈膝弹动两次，5—8 屈膝踝关节弹动两次。

手臂：1 拍两手击掌，3 拍两臂肩上屈，2、4 拍两臂位于体侧；5 拍两臂前举，7 拍两臂侧上举，6、8 拍两臂位于体侧。

[2]同[1]。

[3]步伐：1—4 右腿向右侧迈出一步成弓步，左腿屈膝，右腿伸直成左弓步，5—8 同 1—4 拍。

手臂：1—2 拍右臂侧举，左臂胸前屈；3—4 右臂肩上屈，左臂侧举；5—6 拍右手叉腰，左臂向右伸展；7—8 拍两臂位于体侧。

[4]同[3]，方向相反。

三、低冲击力步伐

低冲击力步伐动作是指在做动作时一脚着地，另一脚离地的动作。主要有踏步类、点地类、迈步类和抬腿类四种类型。我们着重介绍几种常用的低冲击力步伐。

（一）踏步、走步、一字步

动作描述：两脚依次抬起，左右或前后移动，下落时膝、踝关节进行有弹性的缓冲，同时躯干部分要有适当的起伏变化。

练习要求：保持正确的身体姿态，动作幅度大。4 个八拍踏步，4 个八拍走步，4 个八拍一字步。熟练后可一个八拍进行三种步伐的组合练习。

（二）V 字步

动作描述：一脚向前侧方迈一步，另一脚向另一方迈一步，成两脚开立、屈膝状态后依次退回原位。两腿膝、踝关节始终保持弹动状态。

练习要求：先一拍一动慢动作练习，熟练后叉腰练习 4 个八拍，也可做手臂动作的变化。如 1 左手侧上举，2 右手侧上举，3—4 依次收回胸前交叉。可结合倒 V 字步、转体 V 字步练习，从而提高学员的学习兴趣。

（三）漫步

动作描述：一脚向前或向后迈出，屈膝，重心随之前移，另一脚稍抬起后原地落下。两脚交替落地，身体重心前后移动。

练习要求：连续 4 个八拍的练习，可加上手臂动作，如 1—2 左手上举，右手前平举，花掌，3—4 还原，5—6 动作同 1—2，方向相反，7—8 还原。

（四）点地

动作描述：两腿进行有弹性的屈伸，点地时，一腿屈膝，另一腿伸直。

练习要求：在脚尖前点、后点、侧点及脚跟前点中任意选择，组合在一个八拍中进行练习，保持上体的直立状态。

（五）并步

动作描述：一脚迈出，另一脚随之并拢屈膝点地，两膝保持弹动。
练习要求：参考点地的练习。

（六）吸腿

动作描述：一腿支撑，另一腿膝关节弯曲上抬。
练习要求：上体保持直立，全身协调舒展，脚面绷直，身体重心高抬，平稳。

（七）弹踢

动作描述：一腿站立（跳起），另一腿先后屈再向前下方弹踢。弹踢时两膝盖紧靠，脚尖伸直。
练习要求：同吸腿。

知识窗

加强下肢锻炼的重要性

下肢是支撑弹踢的主要部位，加强下肢的锻炼，可使腿部修长、线条柔和、富有活力，结实紧致的肌肉更能表现出青春靓丽。

四、高冲击力步伐

许多低冲击类步伐加上跳的动作就变成了高冲击力步伐，所以重复的动作在这里就不作介绍，主要介绍以下 3 种。

（一）开合跳

动作描述：两腿同时起跳并分开左右。膝关节沿脚尖方向屈，夹角不小于 90°，脚跟落地。

（二）小马跳

动作描述：以右脚起步为例，左脚蹬地跳起，同时右脚向侧迈步落地，随之左脚并右脚点地，支撑腿伸直。

（三）摆腿跳

动作描述：一腿支撑，另一腿向侧做由下至上的摆动动作。摆动腿动作要充分，关节要伸直。

（四）高冲击力步伐的练习要求

三种步伐的练习均可手叉腰，跟着音乐进行重复动作的练习。熟练后，可将多种步伐结合起来，并加上手臂动作练习。

拓展阅读

注重基本步伐的练习

基本步法作为健美操运动中的最小单位，是构建健美操练习的基本元素。多做基本步伐的练习，对于提高掌握成套动作的速度和质量都很有帮助，并且每天坚持基本步伐的练习，可以很好地保持体形哦。

第四节　基本步伐组合练习

知识领航

通过上节课的学习，学员基本掌握了各个基本步伐，并能正确地进行展示。本节我们将通过组合动作的练习提高学员对动作的掌握，同时也使学员能掌握简单的成套动作。

一、有氧健身操准备活动示例（行进间）

（1）音乐：以 2/4 拍或 4/4 拍的音乐为主，节奏感强，具有时代特点。

（2）动作：1 后踢跑、弹踢、弓步跳、开合跳（手叉腰）；2 吸腿与开合跳组合（手臂侧下举）；3 走步大踢，手臂侧平举；4 并跳与侧弹踢组合，·手叉腰，另一手跟着节奏由肩上屈变侧上举。

（3）要求：每组动作做 4 个 8 拍；第一组学员做完 1 个 8 拍的动作后第二组学员出发。立腰收腹，保持正确的上体姿态。进行此活动前可先做 4～8 节的关节活动操，确保运动的安全与效果。

二、下肢组合动作

（一）组合一

1—4 左脚开始的交叉步，4 左脚蹬地跳起，右脚成侧踢，5 右脚收回，6 吸左腿，7 左腿向侧点地成侧弓步，8 还原。

（二）组合二

1 半蹲接立踵，2 吸右腿，3 开合跳，4 跳成直立，5 跳成左脚跟前点地，6 右脚跟侧点地，7 分腿半蹲跳一次，8 还原。

（三）组合三（见图 4-1）

1—4 右脚向前迈一步，左脚蹬地并右脚屈膝准备起跳，5—6 科萨克跳一次，7 起跳成右脚尖侧点地，头向左侧倒，8 还原。

1—2 3—4 5—6（空中姿态） 7 8

图 4-1

（四）组合动作练习方法和要求

1．练习方法

每个组合动作应进行多次、反复练习，熟练后加快节奏。前两个组合练习时手叉腰，后两个组合练习时手放体侧。

2．练习要求

动作要准确、到位、有力度，转换要连贯、流畅；起跳要发力正确，保持正确的空中姿态，落地时屈膝缓冲；保持脚步的弹性。

（五）下肢组合动作考核

将学员分成若干小组，6～10 人一组为宜，将三个组合连起来做 1 遍。

> 知识窗
>
> **下肢动作的重要性**
>
> 下肢动作的质量和稳定性对成套动作的完成有很大影响！目前国内比较流行的有氧健身操，如郑多燕减肥操、HELLO KITTY 健身操、沙滩健身操等，大多是以基本步法为主，进行多次、反复的练习，从而达到健身、减肥的目的。

三、上下肢基本组合动作

[1]1—4 右脚前上一步，左提膝连续 2 次，手臂前平举后收至腰间；5—6 右左脚依次向前做点地跳，手臂前后自然摆动；7—8 开合跳，右手叉腰，左臂肩侧屈。（5—8 拍见图 4-2）

[2]1—4 右左脚依次做弹踢跳一次，两手臂依次前推伸掌；5—8 左右脚依次做前后弓步跳，两手臂前平举交叉一次后还原。（见图 4-3）

[3]1—2 右脚上步左提膝，手臂前伸还原；3 拍左脚向左小跳，同时摆腿，右臂侧举，左臂肩侧屈扶头；4 还原，5—8 开合跳，手臂动作 7 同 3，5 同 3，但方向相反。（见图 4-4）

5　　6　　7—8

图 4-2

1、3　　2、4　　5　　7　　6、8

图 4-3

1　　2　　3　　7（5）

图 4-4

[4]1—4 左右脚依次做后踢跳，手臂成跳绳姿势绕环；5—8 小马跳，手臂依次上举。（见图 4-5）

1、3　　2、4　　5—6　　7—8

图 4-5

练习方法与要求同下肢组合动作的练习。

拓展阅读

基本步伐与踏板操

基本步伐的组合练习可以连起来练习，也可以逐个八拍练习；可以原地练习，也可以行进间练习。简单的步伐可以变化出千变万化的组合动作。目前，踏板操作为一种新的运动形式越来越受到关注，它注重的恰是基本步伐的组合。如果感兴趣，回去可以找视频看哦。

第五节　手臂、步伐组合动作练习

知识领航

本节通过两套组合动作的练习，使学员对各个手臂动作和下肢步伐动作的要领及用力方法有更好的了解。学员掌握了有氧锻炼的方法，配上音乐，将每个组合进行重复练习，一套有氧健身操就出炉了。通过有氧健身操的练习，不仅可以提高学员的协调性，也可以改善学员耸肩、挺腹、八字腿等不良姿态。

一、组合动作介绍及练习方法

（一）组合一（手臂动作 4×8 拍，每个步伐做 4×8 拍，手脚配合形成一小套动作）

组合一的手臂练习方法是目前国内最经典的练习方式，不管你是专业健美操运动员还是业余爱好者，均能通过以下手臂组合练习来提高手臂动作的质量，美化手臂肌肉线条，减掉手臂上的赘肉。

练习提示：每一种步伐练习 4 个 8 拍之后，原地踏步 4 个 8 拍调整，调整后进入下一个步伐的练习。练习过程中要保持正确的躯干姿态。

1. 步伐

步伐分别为踏步、开合跳、弹踢跳、吸腿跳、弓步跳、后踢跳。

2．手臂和手型

[1]1—2 握拳两手臂侧下，3—4 两手胸前屈臂交叉，5—6 手臂斜上举，7—8 还原。

[2]同[1]，拳变掌。

[3]1 两手臂握拳胸前平屈，2 两手臂侧平举，3 两手臂上举，4 两手臂侧平举，5—7 重复 1—3，8 还原。

[4]1 右手肩侧屈，左手侧上举，2 同 1，方向相反，3 两手体前右手侧下举，左手侧上举，4 侧平举，5 右手上举，左手体侧下伸，6 两手胸前屈臂交叉，7 双臂侧下举，8 还原。（见图 4-6）

图 4-6

> 知识窗
>
> **上肢动作的重要性**
>
> 上肢动作是由手臂的自然摆动、力量练习及基本体操的徒手动作和舞蹈组成的，形式多种多样，正确的上肢姿态对整个身体姿态的完善及动作的艺术风格起着重要作用。

（二）组合二

此组合中上下肢动作均变化比较多，但不复杂。通过配乐练习，不仅可以提高学员身体的协调性，还可提高学员对音乐的感受力。

练习提示：本套操具有动作流畅、舒展、简单易学的特点。练习前充分活动各个关节，练习后注重身体的放松，以使肌肉线条更加优美。

[1]1 右脚向前上步，双臂胸前平屈，2 并脚，手臂不变，3 右脚后退，双臂下举，4 并脚还原，5—8 脚同 1—4，5 双臂胸前平屈，6 胸前屈，7 侧平举，8 还原。

[2]1—4 双脚依次前迈后并脚，1 手臂前平举，2 还原，3 肩侧屈，4 胸前交叉，5—8 同 1—4。

[3]1—4 并步 2 次，1 拍迈右脚，右臂肩侧屈，2 还原，3 迈左脚，左臂肩侧屈，4 还原，5—8 脚同 1—4，5 双臂胸前屈，6 还原，7 双臂胸前平屈，8 还原。

[4]1—4 十字步，手臂自然摆动，5—8 踏步，手臂击掌 1 次。

[5]1—8 左右脚跟依次前点地，两拍一动，1—4 双臂屈臂左右摆，5—6 双臂右摆成左臂侧上举，右臂胸前平举，7—8 同 5—6，方向相反。（见图 4-7）

1—2　　3—4　　5—6　　7—8

图 4-7

[6]1—4 左脚开始向左转 270°，双臂自然摆动，5 并腿半蹲，双臂前举，6 左臂胸前平屈同时上体右转，7 同 5，8 还原。

[7]1—4 交叉步，1 双臂侧下举，2 平举，3 上举交叉，4 胸前平屈，5—6 左脚向左半蹲，双手握拳前举，7—8 还原。

[8]1 左脚向左一步，右臂胸前平屈，2 右脚向后交叉，右臂侧下举，3 右脚收回成两脚开立，左臂胸前平屈，4 左脚向后交叉，5—8 脚同 1—4，5 右臂侧上举，6 左臂侧上举，7—8 还原。

二、组合动作复习

教授者放音乐，学员分组练习，练习 5 分钟左右，分组展示动作，提高学员对动作掌握的熟练性及动作质量。

拓展阅读

瘦腿最有效的方法

游泳和瑜伽的效果最好，除能练习身体的平衡外，还能塑造纤细双腿。如果以上两种方法都没时间或条件，那么可以试试以下三种方法：

1. 做骑自行车的动作，直至腿部酸软。此方法对消除大腿肉很有效。

2. 下蹲。此方法可改善梨形身材。

3. 跳绳。跳绳半小时可以消耗热量四百卡，坚持跳绳可以紧实双腿。

第六节 腰、腹部及上下肢力量练习

知识领航

腰腹肌肉是身体核心肌肉的一部分，同时，腹腰部是人体的中央部位，最引人注目。因此，注重腰腹部的锻炼对整个形体的改善都起着至关重要的作用，同时下肢力量对整个动作的稳定性起着重要作用。本节逐一介绍腰腹部、上下肢力量的专业练习方法及一般练习方法。发展肌肉力量不仅可以使身体动作机敏、灵活，同时可以表现出一种良好的气质与修养。

一、专业腰腹肌力量练习方法

（一）以上肢支撑进行腰腹肌力量练习

1. 悬垂举腿或负重悬垂举腿

双手悬垂于单杠，间距约肩宽，膝部伸直且脚背绷紧，有节奏地将双腿上举与下放。

练习提示：向后不要大幅度晃动让双腿获得惯性，向上抬腿时有控制地缓慢抬起。

2. 双手支撑前举腿（静力支撑）

双手伸直支撑于双杠或其他物体。上体与两腿成 90 度进行静力支撑。

练习提示：练习时利用深呼吸调整状态，每组尽力坚持 30～60 秒，组间休息 1～2 分钟。

（二）以躯干支撑进行腰腹肌力量练习

练习手段很多，如仰卧举腿、仰卧提膝、仰卧腹部顶髋等，每组练习达到一定极限时坚持再练习几次，会刺激肌肉达到最高阈值，练习效果会更佳。学员也可变换节奏练习。快节奏对爆发力有效，慢节奏对耐久力有效。

（三）以臀部为支撑点进行腰腹肌力量练习

“V”字挺身：练习者仰卧于垫上，抬起双腿，双臂伸向小腿，身体保持平衡。

练习提示：开始练习时，先把动作做协调再提高动作质量。练习 3～4 组，每组 10～25 次。

二、常用腰腹力量练习方法

（一）仰卧起坐

仰卧起坐是常用的腰腹练习方法，稍微改进就能达到更好的效果。改进的方法是：练习者从坐着直立背开始，向下的时候背不许着垫；练习者坐起来的时候进行转体，肘关节碰到异侧膝盖方可躺下。这样可使腰部更多的肌肉群参与到运动中来，对腰腹力量的快速提升有很大帮助。

（二）举腿收腹

举腿收腹主要是发展下腹部肌肉。练习者躺在垫子上，双手抓固定物或辅助者，利用腹部的力量将双腿伸直举起。练习者可根据自身的条件选择难度。举起腿与地面成 90 度最简单，学员可以选择此组别，进行每组 30 个，连续 3 组的练习。组与组之间间隔 1 分钟。

（三）1 分钟静力性俯卧撑

静力性俯卧撑是指练习者肘关节与双脚撑地，身体的其他部位离开地面，且保持在一个平面上。保持此姿态 1 分钟，做完后放松 1 分钟，进行第二组练习。此种练习方法简单、易操作，不仅可以加强练习者的腰腹力量，对腿部一些小肌群力量也有很大帮助。

（四）坐式屈团身

伸直膝盖，上身后仰，保持身体平衡，然后屈膝收腹，使腹肌极度折屈。练习中，脚始终不能触及地面。跟着音乐的节奏练习，2 拍一动。每组 20 个，共做 3 组。

三、腰腹部减肥健身操

> 知识窗
>
> **猫式放松**
>
> 跪在床上，双手支撑上身，像猫一样练习。弓背时要低头，腰部要用力，然后慢慢抬头，并放松腰背肌肉，使脊柱成“U”形，在做弓背动作时要深吸气，塌腰时长呼气。

（1）仰卧，两臂向上伸直呈 90 度，两腿一齐向上翘，片刻再放下，反复进行至肌肉酸痛。（仰卧两头起）

（2）站立，两腿轮流高抬，膝关节弯曲，大腿向身体成直角，抬起后放下，一组 150 个，每次做三组。组之间休息 1 分钟。

（3）仰卧，两腿弯曲，两臂放于体侧，头及上身慢慢向上抬起，停留 1 分钟再落下，反复进行，直到颈部及腰部肌肉感到酸沉为止。

学员可根据自身的情况选择一种或几种进行练习，亦可按照步骤逐个进行练习。练习时一定要注意配合呼吸，不仅可以提高练习效果，也可以减少运动损伤。

四、专业上下肢力量练习方法

（一）上肢和肩带力量练习

（1）推撑力量：利用体操凳进行的一般俯卧撑、推举杠铃等。俯卧撑动作练习分双腿俯卧撑、单腿俯卧撑、后举腿俯卧撑、分腿俯卧撑。

（2）直臂支撑力量：脚位置放高的俯撑、双杠支撑摆动、双杠支撑移动。

（3）托举力量

托举同伴，同伴可选择平卧、站立、俯撑等姿势进行练习。练习时要注意正确的托举方法。被托举者保持正确的身体姿态，腰腹部用力。

（二）下肢力量

（1）弹跳力：连续深蹲跳练习、跳短绳、跳台阶、连续起踵。以上练习可负重做。
（2）控制力量：采用扶肋木和不扶肋木的前、侧、后踢腿等。
（3）组合练习
[1]1—3 双臂侧平举向前便步走，4 前踢，5—8 同 1—4。4 遍。
[2]1—3 双臂侧平举向前便步走，4 侧踢，5—8 同 1—4。4 遍。
[3]1—3 双臂侧平举向前便步走，4 后踢，双臂上举、展体，5—8 同 1—4。4 遍。

知识窗

大小腿力量练习方法

1. 针对大腿的练习最经典的就是深蹲：直立，双脚与肩同宽，慢慢蹲到最深处，2 秒下，2 秒起。每次练习 6～8 组，每组 10～15 次。

2. 针对小腿的练习最经典的就是提踵：直立，慢慢踮起脚尖，再慢慢放下。每次练习 3～4 组，每组 15～20 次。

五、常用上下肢力量练习方法

（一）俯卧撑

（1）原地俯卧撑：每组 10～30 个，连续做 3 组，每组之间间隔 1～2 分钟。
（2）行进间俯卧撑：练习者做好俯卧撑的准备动作，辅助者双手抓练习者的双脚，练习者利用双手前行，每次前行距离以 10～20 米为宜，交替练习，每次做 2 组。

（二）单、双脚跳

形式：在地面上跳、跳过障碍物、蛙跳、跳绳等。方法：前脚掌着地，快速起跳。可先左脚连续向前跳 20 米，然后换右脚向前跳 20 米，双脚跳回。

（三）矮人走

手抓脚踝，双脚依次向前走。距离以 10～20 米为宜。

（四）蜘蛛行

双手和双脚撑地，身体的其他部位不得接触地面。像蜘蛛一样用手脚向前走。距离以 10～20 米为宜。

将学员分成若干组进行练习，练习时可放一些快节奏的音乐，提高学员练习的兴趣和效果。

拓展阅读

锻炼的误区

经常听到健身减肥者有这样的烦恼“我每天坚持运动半小时以上，怎么体重还是这么重，腰还是这么粗？”这与健身者只进行有氧运动而忽视力量的练习有很大关系。许多女性健身者认为，进行力量练习会长肌肉，体型难看。其实这是错误的认识。力量的锻炼与有氧运动相结合，才会发挥运动的最大效果。

第七节　炫彩动感健美操（1）

知识领航

炫彩动感健美操为中级难度动作，手臂动作变化较多，并有大量转体，在提高动作流动性的同时也增加了动作的难度。以下三节课将按照炫彩动感健美操的编排顺序，逐节学习动作。通过学习，掌握动作要领，了解练习要求，熟练掌握成套动作，同时提高身体的控制能力，如转体时上肢及上体动作的保持，为学员打造健康、健美、优雅的体型奠定基础。

一、炫彩动感健美操动作说明

整套操动作安排合理、流畅，难度适中。对于有健美操基础的学员来说，比较简单，而对于一点基础没有的学员来说，学习时一定要跟上练习的节奏，自主练习时认真记动作，反复琢磨与练习。炫彩动感健美操操化动作共 4 节，每节 8 个八拍，左、右方向各 4 个八拍，动作相同，方向相反。练习时，除注意动作的规范、舒展、力度之外，脚下的弹动也必须时刻保持，体现出健美操的特点。

知识窗

健身性健美操的级别

健身性健美操共有 5 个级别，即一级、二级、三级、四级、五级，难度及复杂程度依次提高，对学员身体协调性的要求也依次提高。协调性较好的学员，动作学起来相对容易哦。

二、弹动动作练习

第 1 节：提踵，手臂侧平举，各弹动 4×8 个八拍。

第 2 节：开合跳，手叉腰，要求脚后跟离地，做 4×8 个八拍。

第 3 节：交叉步接侧踢，手叉腰，做 4×8 个八拍。

第 4 节：并步，1—2 拍左臂小绕环成肩侧屈，3—4 右臂小绕环成肩侧屈，5—8 双臂上举 2 次，注意重心的移动和脚的弹动。

教授者喊口令逐节进行练习，掌握动作后跟着音乐的节拍练习。每节练习后进行 4×8 个八拍的踏步动作，以放松腿部肌肉，避免小腿抽筋。

三、炫彩动感健美操第 1 节动作说明及学练方法

第 1 节的难点是第一个八拍。健美操中对于复杂动作的练习有特定的方法。站立，先练手臂动作，然后手不动，再练步伐，最后合二为一，一拍一动进行完整动作的练习。练习时，教授者可以用语言或口令来提示学员下面的动作，避免学员出现手忙脚乱的现象。第二、三、四个八拍的动作可直接进行上下肢配合的完整教学。本节的基本步伐主要是曼步和侧踢。另外，在进行反方向的教学时，学员可采用自主学习与合作学习的方法，练习中遇到问题及时向教师反馈。

第 1 节练习步骤如下：

[1]1 拍右脚向侧迈一步，双臂侧平举，2—3 左脚向右后方做曼步，4 拍右转 90 度，左脚向侧一步，双臂屈肘放于腰间，5 拍右脚向左后方退，双臂前举，6 拍左转 45 度，左脚向侧一步，双臂下举，7 拍左转 90 度，右脚向前一步，双臂肩侧屈，8 拍吸左腿，双臂胸前击掌。（见图 4-8）

1　2、3　4　5　6　7　8

图 4-8

[2]1 拍左脚向前一步，双臂下举，2—3 右脚向左前方做曼步，双臂自然摆动，4 拍右转 90 度，右脚向前一步，双臂侧下举，5 拍左脚上步，双臂下举，6 拍吸右腿，双臂前举，7—8 同 5—6，方向相反。（见图 4-9）

1　2、3　4　5（7）　6（8）

图 4-9

[3]1 拍左脚上步，半蹲，双臂腰侧屈，2 拍提踵右转 90 度，3—4 右脚向后做曼步，双手胸前击掌 2 次，5—8 同 1—4，方向相反。（见图 4-10）

[4]1 拍左脚向左后方上步后，成左右开立，双臂胸前交叉，2 拍右脚侧踢跳，左臂侧上举，右臂侧平举，3—4 右转 90 度，右脚向左后方做曼步，双臂自然摆动，5—8 同 1—4，方向相

反。（见图 4-11）

1、6　　2、5　　3—4　　7—8

图 4-10

1、5　　2　　3—4、（7—8）　　6

图 4-11

[5][6][7][8]分别同[1][2][3][4]，方向相反。

拓展阅读

局部运动只能暂时使身体的一部分得到强化，若想强壮体魄、拥有健美匀称的身材，还需要持之以恒地做有氧运动。本套操的每一节在音乐的伴奏下重复练习，就成了有氧健身操的基本套路。而将各节动作连贯起来就成了一套动作流畅、舒展、优美的表演或比赛套路！

第八节　炫彩动感健美操（2）

一、炫彩动感健美操第 2 节动作说明及学练方法

第 2 节动作的重难点在于身体方向的变化。练习时可先保持方向不变，动作熟练后再加上各类转体。也可将各类转体动作单独进行练习，熟练后再加入到套路中。

第 2 节练习步骤如下：

[1]1 拍右脚向右一步，双腿半蹲，双臂屈肘放于腰间，2 拍重心右移成侧点地，左手变掌向前冲，3 拍同 1 拍，方向相反，4 拍还原，5—6 右脚向右侧做恰恰，双臂自然摆动，7—8 双脚并拢，双臂下举。（见图 4-12）

1、3　　2　　5　　4　　6　　7—8

图 4-12

[2]1—4 拍右脚向右前方做上步吸腿 2 次，双臂自然摆动，5 拍右脚向右一步，两脚开立，两臂肩侧屈，6 拍左转 90 度，吸右腿，胸前击掌，7 拍左转 90 度，同 5 拍，8 拍左转 180 度，吸左腿，击掌。（见图 4-13）

1、3　　2、4　　5　　6　　7　　8

图 4-13

[3]1 拍左脚向左后方一步，双臂前举，2 拍右脚后交叉，双臂屈肘放于腰间，3 拍同 1 拍，4 拍同 2 拍，5—7 拍右脚开始向右后方上步，同时转体 360°，双臂放于体侧，8 双臂侧下举。（见图 4-14）

1、3　　2、4　　5　　6　　7　　8

图 4-14

[4]1—2 拍左脚向前做曼步，3 拍左转 90°，左脚向侧一步，手臂侧下举，4—5 拍左转 90°，右脚向前做曼步，6 拍右转 90°，右脚向侧一步，手臂侧下举，7—8 左脚向前一步，再向后一步，双臂自然摆动。（见图 4-15）

[5][6][7][8]分别同[1][2][3][4]，方向相反。

1　2　4、5　3、6　7—8

图 4-15

知识窗

保持正确的身体姿态

转体动作及移动动作的加入会使整套操的流畅性、观赏性大幅度提高，同时也对练习者提出了更高的要求。进行转体、移动动作时，一定要注意上体姿态的保持。当然，要保持正确的身体姿态，关键是腰腹部要用力哦。

二、炫彩动感健美操第 3 节动作说明及学练方法

第 3 节动作的难点在于第 3 个八拍的转体，转体应迅速到位，并保持正确的上体及手臂姿态，练习时可先手臂叉腰只做下肢转体动作。另外 3 个八拍相对简单，在学习之前可先进行基本步伐（如小马跳、V 字步、十字步等）和基本手臂动作的练习（如上举冲拳、侧上举花掌等）。

第 3 节练习步骤如下：

[1]1 拍右脚向左前方上步，右臂屈肘放于腰间，左臂胸前屈，2 拍左脚侧点地，左臂前下举，3—4 同 1—2，方向相反，5—6 右脚向右一步做左踢跳，双臂侧上举，7—8 右脚向左后方做曼步，手臂自然摆动，（见图 4-16）

2　1（3）　4　5　6　7—8

图 4-16

[2]1—4 左、右脚分别小马跳，连续左转 2 个 180 度，右、左臂依次上举，5—8 左脚开始依次 V 字步，手臂自然摆动，8 拍是左转 90 度。

[3]1—4 拍十字步，1 拍双臂前平举，2 拍收回腰间，3 同 1 拍，4 同 2 拍，同时第 4 拍以左脚为轴向右后转身 270 度。5—8 同 1—4。

[4]1—4 左、右脚依次向前方做恰恰，手臂自然摆动，5—8 左、右脚依次开立并拢 2 次，

5 手臂侧上举，花掌，6 和 8 握拳胸前交叉，7 手臂侧下举，花掌。（见图 4-17）

1、2（3、4）　哒　5　6、8　7

图 4-17

[5][6][7][8]分别同[1][2][3][4]，方向相反。

三、炫彩动感健美操第 1～3 节动作复习方法

（1）逐个八拍进行复习，出现问题及时纠正并反复练习。
（2）喊口令将 1—3 节连起来练习 2 遍。
（3）在音乐的伴奏下将 1—3 节连起来练习 2～4 遍。
（4）集中纠正错误动作。
（5）在音乐的伴奏下分组练习，教授者巡回指导。
（6）分组表演与展示，学员相互评价。
（7）在音乐的伴奏下集体练习，体会弹动的感觉。

拓展阅读

健美操面向图

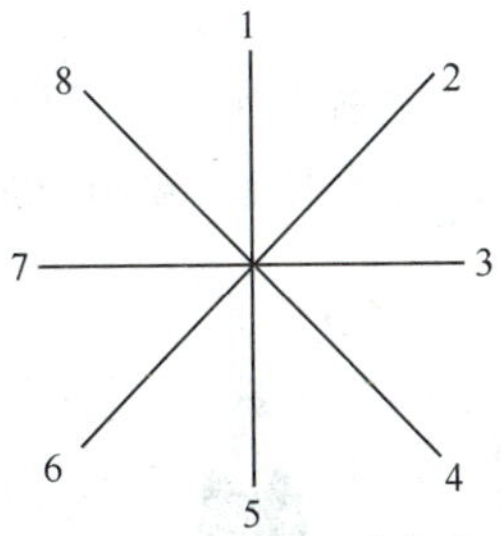

很多书中，在对健美操动作进行描述时，会用到身体“面向某点”的字样，而其中各个点的方向即如上图所示。

第八节　炫彩动感健美操（3）

一、炫彩动感健美操第 4 节动作说明及学练方法

（一）动作说明

第 4 节不管是在方向上还是在肢体动作的变化上，都较前几节有一定提高。基本步伐有便

步走、点地跳、弹踢跳、膝腿跳等，练习时可与转体结合起来进行练习。

（二）学练的要求与方法

（1）教授者可将每 8 拍还原为健美操的基本步伐，通过方向、节奏的快慢，手臂的变化等因素，逐渐累加为各节组合动作。

（2）学练时注意弹动技术的应用。

（3）注意手臂动作轨迹及结束位置，每一拍动作做完之后进行定位，加强锻炼动作的力度和质感。

（4）口令由慢至快，教授者在喊口令时注意提示语言的应用，如 1、2、3、4，V 字步上举、收回等，提高学员记忆的效率。

（三）第 4 节动作描述

[1]1—3 拍右、左脚依次勾脚尖点地跳 3 次，手臂自然摆动，4 拍左脚后曲腿，双臂胸前交叉，5 拍左脚左前方上步，双臂上举，6 拍左脚右前方上步，双臂侧平举，7 拍左、右脚右后方退步，双臂侧下举，8 拍左脚左后方退步，双臂侧下举。（见图 4-18）

1—3　4　5　6　7、8

图 4-18

[2]1 拍右脚向侧成侧弓步，右臂经胸前平屈，小臂伸展至侧平举，2 拍重心左移，右臂屈于胸前，3 拍右脚向前上步成交叉步，右臂下举，4—6 同 1—3，方向相反，7—8 左、右脚依次侧点地，手臂下举。（见图 4-19）

1　2（5）　3（6）　4　7（8）

图 4-19

[3]1—3 右转 90 度，左脚开始向前上步 3 次，双臂经前、后摆至肩侧屈，4 拍吸右腿，胸前击掌，5 拍侧摆左腿跳，左臂侧推成侧平举，右臂胸前平屈，6 拍吸右腿，双臂胸前击掌，

7—8 同 5—6。（见图 4-20）

1　2　3　4、6、8　5、7

图 4-20

[4]右脚开始后退 3 步，同时左转 135 度，双臂侧下举，4 拍左脚后屈跳，5 拍左脚弹踢腿跳，右臂上举，6 拍屈右腿，7 拍右转 145 度，右脚弹踢腿跳，左臂上举，8 还原。（见图 4-21）

2　3（1）　4（6）　5（7）　8

图 4-21

[5][6][7][8]分别同[1][2][3][4]。

知识窗

炫彩动感健美操动作特点

1. 保持中等强度的有氧练习。
2. 复合动作增多，高、低冲击力动作相同。
3. 手臂动作变化增多。
4. 增加 180 度～360 度的转体及跳跃动作。
5. 增加更多的图形和路线变化。
6. 力量练习出现在成套动作中。

通过学习，你感受到了吗？

二、炫彩动感健美操成套动作复习方法和要求

复习方法：同第八节炫彩动感健美操四级第 1～3 节动作复习方法。
练习要求：成套动作中始终保持下肢的弹动，同时肩部打开，动作舒展，有力度。

三、炫彩动感健美操地面动作说明及介绍

（一）开始动作

[0]1—3 右脚向侧迈一步成开立，双手由体前交叉向上，向侧绕至体侧，4 上体稍右转，左臂屈肘于体前，五指分开，掌心向内。

（二）过渡动作

[1]1—2 右转体 90 度，吸左腿，右臂上举，左臂下举。3—4 左腿向后成跪，左臂前举，右手叉腰。5—8 左手撑地，右转 180 度成仰卧，双腿抬起至大腿与地面垂直，小腿水平，双手放于头后。

（三）力量动作

[2]1—2 收腹抬腿上提，3—4 上体向右扭转，5—6 同 1—2，7—8 还原成仰卧。

[3]同[2]，方向相反。

[4][5]同[2][3]拍。

[6]1—2 右转 90 度成侧卧，右腿屈膝，左腿伸直。3—8 身体抬起，右手撑地，臀部抬起成单腿支撑，同时左臂经侧摆至头上方。

[7]1—4 坐下并左转 90 度成并腿坐，双臂前举，5—8 双手体后撑地，指尖向前。

[8]1—2 臀部抬起成仰撑，3—4 臀部落下，5—6 臀部抬起屈左腿，7—8 臀部落下。

[9]同[8]，但 5—6 屈右腿。

[10][11]同[8][9]。

学员可跟着音乐的节奏进行练习，减轻单纯力量练习的枯燥感。

拓展阅读

炫彩动感健美操知识延伸

炫彩动感健美操属于中等难度，对没有基础的学员来说是有一定难度的。但只要认真练习、及时复习，掌握成套动作是没有问题的，但动作的质量取决于身体力量素质的优劣。新的锻炼标准在每套动作的后段都安排了力量练习，这也为广大健身爱好者提供了一个重要信息——“力量的练习至关重要”。

第十节 小球操（1）

知识领航

小球操是将传统有氧健身操与弹力健身小球有机结合起来的全新健身形式。本套操在编排上不仅体现“健身操”的一贯风格，还多了实用、前卫、好看、好玩等全新的元素，能使练习者在边玩边学中掌握动作，锻炼身体，减少了以往健身的枯燥感，使学员的形体在不知不觉中得到改善。

一、小球操 1～3 节动作介绍及说明

本节课主要练习小球操中用得较多的基本步伐，并学习小球操前 3 节的动作。前 3 节的动作相对简单，以 2 拍一动和 4 拍一动的动作为主。各节具体动作如下。

（一）第 1 节

[1]1 右脚前迈，两臂前平举，双手持球，2 左脚并于右脚，两臂屈于腰间，右手持球，3 同 1，4 同 2，5—6 同 1—4。（见图 4-22）

1、3、5、7　　2、4、6、8

图 4-22

[2]1 右脚向前一步，2 右脚向左侧一步，转体 90 度，3 右脚向右侧一步，转体 180 度，4 并脚。1—2 右手持球，手臂侧平举，3 从体后将小球换到左手，4 还原。5—8 踏步，同时右手拍球 3 次。（见图 4-23）

[3]同[1]，[4]同[2]，方向相反。

1　　2　　3

4　　5—7　　8

图 4-23

（二）第 2 节

[1]1 右脚向右迈一步，2 左脚点地，双手持球，双臂从左侧腰间经头顶上方绕至右侧腰间，3—4 同 1—2，方向相反。5—8 右脚开始的后交叉步，双手持小球同 1—2，绕环 2 次。（见图 4-24）

1、5（3、7） 过渡动作 2、6（4、8）

图 4-24

[2]1—4 右脚开始的后交叉步，右手持球，右臂随体转在体后将球换到左手，5—8 左、右腿依次屈膝。5—6 双手持球分别放于左、右膝处，7—8 双手持球分别放于左、右肩处。（见图 4-25）

1 2 3—4 5（6） 7（8）

图 4-25

[3]1—2 左脚向左前方迈一步成左弓步，左手持球，从胯下交换球，3—4 还原，双手持球于胸前，5—6 同 1—2 拍，7—8 同 3—4 拍，方向相反。（见图 4-26）

1—2 3—4、7—8 5—6

图 4-26

[4]1—2 右脚向前迈一步，右手持球，双臂由胸前向外绕 90 度成下举，3—4 转身 180 度，右脚前迈一步，双手持球前平举，5—8 并腿屈膝，右手持球，从膝关节处绕球。（见图 4-27）

1—2　　3—4　　5 8

图 4-27

[5][6][7][8]分别同[1][2][3][4]，方向相反。

（三）第 3 节

[1]1—4 左脚开始依次向前走步，同时向内转胯。双手持球，1 于肩左侧，2 于肩右侧，3 同 1，4 同 2。5—8 屈膝半蹲 2 次。双手持球，5—6 左侧前方直臂平举，7—8 右侧前方直臂平举。（见图 4-28）

1、3　　2　　4　　5—6　　7—8

图 4-28

[2]1—4 右脚开始依次向后退步，同时向内转胯。手臂动作同第一个八拍的 1—4。5—8 屈膝半蹲 2 次，双手持球，双臂上举 2 次。（见图 4-29）

1、3　　2　　4　　5—6、7—8

图 4-29

[3]右脚向右迈一步，左脚并右脚跳起，3—4 落成双脚开立，成右弓步。5—8 保持右弓步。1 双臂持球下举，2 双臂持球于右侧前方平举，3—4 双手持球于左侧腰间，5—8 右胯下绕球。（见图 4-30）

1　　2　　3—4　　5—8

图 4-30

[4]同[3]，方向相反。

[5][6][7][8]分别同[1][2][3][4]，方向相反。

> **知识窗**
>
> 本套小球操中加入了篮球的一些基本动作，如本节的胯下绕球，后面的内容中还会涉及拍球等，所以不同的运动也有相通之处。发挥你的创造力，将更多的球类动作加入到我们的小球操中来吧！

二、小球操 1～3 节动作学练要求及方法

（一）学练要求

在学习动作之前，教授者可为学员放一段小球操的视频，使学员对所学的动作在概念上有清晰的认识，对小球操的风格有一定了解。学习本套小球操，不仅要重视对动作的掌握，更要注重学员对小球操风格的演绎与展示。具体要求有以下几点。

（1）各拍动作清晰、到位。

（2）屈膝弹动及转胯的动作要充分展现出来。

（3）交换球时手一定要握或抓稳小球，以免掉球。

（4）练习时，注意保持正确的身体姿态。

（二）学练方法

任何一项技术技能的掌握均离不开反复多次的练习，但练习时要注意方式、方法，以达到事半功倍的效果。

（1）讲解示范法。

（2）口令提示法。

（3）分解练习与完整练习相结合法。

（4）分组练习法。

（5）自主学习法。自主学习主要用于反方向动作的学习。自主学习不仅可以巩固学员学习的动作，还可以提高学员学习的积极性，加强学员之间的交流与合作。

教授者可先安排提高学员球性的练习，如击掌接球、绕球、交换球等，接着安排简单的小球操，最后按照各节的顺序依次学、练，并将学员分成若干组进行表演，检验学习效果，以调整教学步骤。

（三）准备小球操

1．第 1 节

[1]1—4 左脚开始踏步，左手持球，第 4 拍时右手拍球，5—8 同 1—2。

[2]1—4 左脚开始踏步，左手持球，第 4 拍时球从左手换至右手，5—8 踏步，球从右侧体后换到左手。

[3]同[1]，[4]同[2]，方向相反。

2．第 2 节

[1]1—2 左脚向左侧迈一步，两臂侧平举，左手持球，3—4 向左转体 90 度，右手拍球，5—6 右手持球成侧平举，7—8 还原。

[2]同[1]，方向相反。重复一遍。

3．第 3 节

[1]1—2 左脚向左侧迈一步，两臂侧平举，左手持球，3—4 身体左侧屈，左手球触地，右臂上举，5—6 还原成直立侧平举，7—8 还原成直立，同时背后交换球，右手持球。

[2]同[1]，方向相反。重复一遍。

将学员分成 2 人一组，面对面站立，相距 1 米，进行抛球同时接对方抛球的练习。当练习熟练后，可将距离逐渐拉大，也可改成 3 人一组，增加练习的乐趣和难度。

拓展阅读

小球与健身球

如果你经常去健身房或比较关注健身，你就会看到大的弹力球，教练会带着学员利用球做各种练习，目的是增加锻炼乐趣，提高锻炼效果。我们学习的小球操不是利用健身大球，而是能轻松拿在手中的弹力小球，直径约 10 厘米，颜色鲜艳、亮丽。如果没有，也可以用软排代替哦。

第十一节 小球操（2）

一、小球操 4～5 节动作说明及介绍

本节课主要是学习小球操 4～5 节动作及复习前面所学的动作。第 4 节动作比较简单，但在改变身体方向的同时进行手部绕球动作，对初接触小球操的学员来说还是有一定难度的。第 5 节动作是本套小球操动作的难点，许多学员在方向上及交换球上可能会有失误。本节用到的基本步伐主要有 V 字步、后踢步、曼步、侧踢跳。

1. 第 4 节

[1]1—4 右脚开始向前做 V 字步，3—4 转体 180 度，5—8 同 1—4。手臂平屈，双手绕球。（见图 4-31）

[2]1—8 拍两脚开立，左、右顶胯 4 次。1—2 拍左手持球，手臂上举，3—4 拍左手持球，左臂侧平举，5—8 拍，小臂平屈 2 次。（见图 4-32）

绕球

图 4-31

1—2　3—4、6、8　5、7

图 4-32

[3]同[1]，[4]同[2]，方向相反。

2. 第 5 节

[1]1 拍右脚向右跨一步，双手持球前平举，2 拍右腿成后踢步，双手持球于左胯处，3—4 拍同 1—2 拍，方向相反，5—8 右脚开始的曼步，5—6 右手开始在背后交换球，7—8 还原。（见图 4-33）

1、3　2　4　5　6

图 4-33

[2]1 拍身体面向 8 点，并腿跳成右腿支撑，左腿成 45 度侧踢，2 拍还原，3 同 1，4 同 2，5—8 右腿抬起，胯下绕球一次。（见图 4-34）

1—2、3—4　5—8

图 4-34

[3]1—4 右脚开始的曼步，1—2 拍左臂上举，右手持球 2 点方向平举，3—4 双手背后交换球。5—8 同 1—4，方向相反。（见图 4-35）

[4]1—2 拍、3—4 拍、5—6 拍、7—8 拍分别面向 1、3、5、7 点做右腿微屈、左脚侧点地的动作。（见图 4-36）

1—2　　3—4　　5—6　　7—8

图 4-35

图 4-36

[5][6][7][8]分别同[1][2][3][4]。

知识窗

推荐音乐曲目

Lemon tree，turbo-twist king，广场舞音乐等。

二、小球操 4～5 节动作学练要求、方法及复习方法

1. 小球操 4～5 节动作学练要求及方法

小球操 4～5 节动作学练要求及方法与小球操 1～3 节动作学练要求及方法基本相同。有以下几点需要强调：

（1）小球操 4～5 节交换球的动作比较多，节奏也变快。因此，在教授新动作之前，可先进行胯下、背后的交换球练习。

（2）学员动作熟练后，教授者可将动作进行小小的变化，激发学员学习兴趣，提高学员身体的协调性。如第一个八拍的 5—8 为曼步，可以在曼步的基础上加一个转体，使动作看起来更加流畅。

2. 小球操 1～5 节复习方法

（1）逐节喊口令复习，口令先慢后快。

（2）喊口令将 1～4 节连起来，学员掌握不太好的地方抽出来专门练习，并进行适当讲解。

（3）在音乐的伴奏下进行 1～4 节的完整复习（2～4 遍），教授者在节与节衔接处提前提示动作。

（4）在音乐的伴奏下进行 1～5 节的完整复习。

（5）口令逐拍复习第 5 节。

（6）学员分组练习，优秀学员展示。

经过学习，学员已基本掌握了本套小球操的动作。在以后的练习中，应注重对小球操风格

的展示和演绎，体现其时尚、活力、魅力的特点，也展现出学员个人时尚、活力、美丽的体态和风姿！

拓展阅读

小球操的优点

小球操对于强身健体、减肥健美、塑造体型能够起到很重要的作用。再加上好玩的小球，立刻让枯燥的徒手有氧健身运动变得生动活泼起来，练习者整个人都会心情舒畅。练习小球操既锻炼了身体，又收获了健康，何乐而不为呢。带上你的热情，快来加入小球操运动的行列吧！

第十二节　小球操（3）

一、小球操第 6 节及开始动作说明及介绍

第 6 节动作比较简单，动作节奏也较慢，这是与运动中运动负荷的变化相吻合的。本节的基本步伐有开合跳、并步跳等。

[1]1—4 开合跳一次，1—2 双手地面拍球 1 次，3—4 还原。5—6 右腿屈膝，双手持球于右肩处，7—8 左腿屈膝，双手持球于左肩处。（见图 4-37）

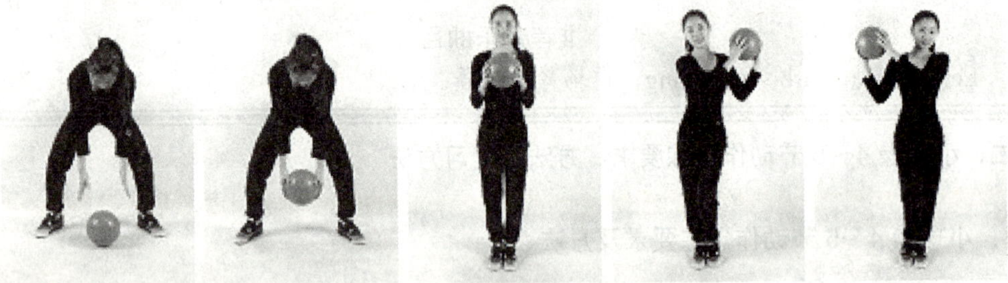

1　2　3—4　5—6　7—8

图 4-37

[2]1 左脚向左迈一步，2 并步，3 右脚后点地。4 左脚原地抬起一次。1—2 双手持球上举，3—4 左手持球成侧下举，右手叉腰。5—8 同 1—4，方向相反。（见图 4-38）

1、2　哒　3—4

图 4-38

[3]同[1]，[4]同[2]，方向相反。

二、小球操第 6 节及开始动作学练要求、方法及成套复习的方法

（一）小球操第 6 节和开始动作学练要求、方法

小球操第 6 节和开始动作学练要求及方法与小球操 1～5 节动作学练要求及方法基本相同。重点强调开合跳。

（二）小球操开始动作及成套动作的复习方法

小球操开始动作及成套动作的复习方法同小球操 1～5 节复习方法基本相同。需要强调的是练习时除注意动作的力度、幅度之外，还要注意面部表情，即常说的表现力，让观看者能感受到练习者的热情和活力。

知识窗

有氧搏击操

目前比较流行的小球操是秋形小球操，当然，如果你感兴趣，也可以练习秋形有氧搏击操，运动强度比小球操大一些，动作也相对难一些，在健身塑型方面也是很有效果的。

三、有氧健身操动作的创编

（一）有氧健身操动作创编的原则

有氧健身操动作的设计应舒展、大方、健康、活力。编排时具体的原则如下：

（1）健身、娱乐的原则；
（2）安全无损伤的原则；
（3）全面发展身体的原则；
（4）有利于提高心率的原则；合理搭配与连接的原则。

（二）有氧健身操动作创编的方法

一般来说，有氧健身操的动作设计分为三个部分：第一部分为热身，动作以踏步、并步、点地为主，并配以缓慢的拉伸、关节的屈伸。第二部分为基本操，以步伐变化组合为主，身体其他部位的动作也比较简单。第三部分为拉长整理，以拉伸身体各部分的肌肉作为放松身体的手段。

四、创编小球操开始动作 4×8 个八拍

教授者对学员进行创编知识的解读后，将学员分成若干组，以组为单位进行动作的创编。学员进行创编时，教授者巡回指导。

拓展阅读

小球操开始动作创编示例

[1]1—8 左脚开始踏步，第 4、8 拍的时候右手拍球。

[2]1—2 左膝微曲，双手持球于左肩，3—4 动作相同，方向相反。5—8 并腿弯腰，双手持球将球由胸前至脚背再至胸前。

[3]1—4 左脚开始的转体，左手持球，在背后交换球。5—8 动作相同，方向相反。

[4]1—8 左脚开始的踏步，左手持球，双臂由上举至侧上举至侧平举最后至下举。

第十三节　啦啦操（1）

知识领航

了解啦啦操的相关知识对于花球舞蹈啦啦操的学习有着至关重要的作用。本节首先介绍啦啦操的相关知识，使学员对啦啦操有一个清晰认识，然后学习啦啦操第 1 节的动作。通过学习啦啦操理论知识，能使学员正确地认识啦啦操动作的特点，为成套动作的学习打下良好的基础。

一、啦啦操运动

（一）啦啦操的起源与发展

啦啦操是一项集体操、舞蹈、音乐、健身、娱乐于一体的体育项目，普及性极高，深受广大群众喜爱。啦啦操原名 cheer leading，起源于 19 世纪 70 年代的美国。啦啦操运动在中国是一项新兴的体育运动项目。1998 年中国大学生篮球联赛诞生，为其加油助威的啦啦操表演应运而生。

（二）啦啦操运动的特点与分类

1．特点

（1）团结协作性：参赛人数为 6～30 人。
（2）动感活力性；
（3）风格突出性：力度感。
（4）目的性：传达健康的生活态度和自信乐观的精神面貌。

2．分类

（1）技巧啦啦操：以翻腾、托举、抛接、金字塔组合、舞蹈动作、过渡连接及口号等形式为基本内容。

（2）舞蹈啦啦操：以舞蹈动作为主，展示各种舞蹈技巧和元素，包括花球、街舞、爵士等组别。

（三）啦啦操基本动作的技术特征

（1）手臂肌肉发力时肩部肌肉放松，不可耸肩；肌肉用力使手臂或腿部动作加速，运用短杠杆发力的原则。

（2）重心基本保持不变，每个步伐清晰、有力，在最短的时间内达到指定位置。运动中整个身体的重心适当降低。

（四）啦啦操基本手臂动作（见图 4-39）

1．拍手

两手臂胸前击掌，双手位置略低于脸。拍手时应注意稳、准、狠，集体练习时应高度一致。

2．V 字动作（高 V、下 V）

手臂伸直用力，注意手腕平直，是手臂的延长线。

3．T 字动作（短 T、斜 T）

两臂侧平举（屈），略前倾，手臂伸直，手腕平直，大拇指向前。

4．冲拳动作（上冲拳、斜上冲拳、斜下冲拳等）

一只手臂上举（小拇指向前），伸直并靠向头，另一只手臂叉腰。

5．弓箭动作

大臂紧贴身体，小臂竖直（平）屈肘，另一只手臂侧平举。

6．H 动作（上 H、下 H、斜下 H、小 H）

7．K 字动作（小 K）

腿为侧弓步，弓步一只手臂高 V 动作，另一只手臂朝曲腿方向做斜下冲拳，与身体组成 K 字图形。

8．L 动作

一个冲拳动作，半个 T 字动作。

9．A 字动作（上 A、下 A、屈臂 A）

10．M 动作

双臂屈臂触肩，双手叉腰，双臂体侧屈（上、下、平举 M）。

11．R 动作

一只手臂斜下举，另一只手臂屈臂扶头。

教授者边讲解示范，学员边练习。基本掌握动作名称后，在音乐的伴奏下，2 拍一动，每个动作练习一个八拍。教授者可说动作的名称，要求学员做出动作，也可教授者做动作，学员说名称。利用这种互动的方法增强学员记忆。

图 4-39

（五）啦啦操基本下肢动作：立正站、弓步站、锁步站、吸腿站、开立站（军姿站）（见图 4-40）

弓步站　锁步站　吸腿站　开立站

图 4-40

知识窗

啦啦操练习注意事项

啦啦操基本手臂动作是构成啦啦操编排的重要内容，应加强练习，体现动作质感。另外，练习时脚步动作应快速到位，不要拖沓！

二、花球舞蹈啦啦操规定动作第 1 节介绍及学练方法

啦啦操动作虽然与上面介绍的炫彩动感健美操及小球操动作在很多方面有相似之处，但也有几点明显区别，即低重心运动（炫彩动感健美操及小球操均要求做动作时配合身体的弹动，注意身体重心的变化）、短杠杆发力（动作幅度小，发力快）、锁肩（肩不可完全打开）。以弓步为例，大众健美操中弓步要求前腿弓、后腿绷，而啦啦操则要求后腿同样要弯曲，后脚尖点地。

在进行基本步伐的练习时，要注意啦啦操基本步伐与健美操基本步伐的区别，展示出啦啦操的特点。进行手臂动作练习时，学员着重体会爆发力及短杠杆发力。最后将下肢与上肢协调起来练习。熟练后，学员手持花球练习，体会啦啦操运动的风格和特点。

[1]1—3 拍右、左、右脚依次向前上步，手臂垂于大腿前方，4 拍并步提踵，手臂成上 H，5—8 上左脚成弓步，右膝微曲，脚跟提起，双手抱于胸前，成上 V，两拍一动。（见图 4-41）

1—2　　3　　4　　5—6　　7—8

图 4-41

[2]1—3 拍左、右、左脚依次向后退步，手臂垂于大腿前方，4 拍并步提踵，手臂成上 H，5—8 退左脚成弓步，右膝微曲，脚跟提起，双手抱于胸前，成上 V，两拍一动。

[3]1—3 拍左、右、左脚依次踏步，同时向左转体 360 度，4 拍成并步，1—3 拍手臂垂于大腿前方，4 拍手臂屈肘于胸前。5—6 拍手臂成 K 型，面向 3 点，7—8 拍手臂屈肘于胸前。（见图 4-42）

[4]同[3]，方向相反。

1、3　　2　　4　　5—6　　7—8

图 4-42

拓展阅读

国内啦啦操现状

随着啦啦操运动在我国的迅速发展，啦啦操所特有的健身、健美、娱乐的实用价值受到越来越多人们的重视。在不少一、二线城市，每年都会有几场不同规模的啦啦操比赛。想要关注更多的啦啦操比赛，记住多上啦啦操官网：www.ccachina.org。

第十四节　啦啦操（2）

知识领航

本节重点学习啦啦操 2、4 节动作，通过学习和练习，学员能较好地掌握各节动作，并能理解不同风格舞蹈动作的演绎方式，为学员在执行不同动作时更好地发力、更好地控制身体姿态及动作打下基础，也为学员优美体态、健美体型的塑造发挥了巨大的作用。

说明：细心的学员可能已经注意到，本节课进行的不是第 2 和 3 节动作的学习，而是第 2 和 4 节动作的学习。主要有两点考虑：第 4 节是本套操中第二风格的动作，相对来说比较难，这样安排可以单独花更多的时间和精力在本节上，第 3 和 5 节均适宜进行层次的编排，有利于层次编排的教学。

一、花球舞蹈啦啦操规定动作第 2 节介绍及学练方法

第二节第一个八拍动作变化比较多，脚步容易混乱，教学时可采用复杂动作的学练方法进行学练。后三个八拍比较简单，直接进行一拍一动的完整教学即可。教授者对于学员出现的错误应及时指出，对于易犯错误应事先强调，着重练习，从而提高学员动作学习的质量。

[1]1 拍左脚向左侧迈步同时半蹲，手臂右上 L，2 拍收左脚成并步，手臂屈肘于胸前，3—4 动作相同，方向相反。5 拍左脚上步成弓步，右臂前 L，6 并步提踵，手臂上 H，7 拍左脚向左侧迈步，同时半蹲，左臂前 L，8 双脚跳成并步，还原。（见图 4-43）

1（3）　　2、4　　5（7）　　6

图 4-43

[2]1—2 拍迈右脚成右弓步，手臂成右上斜线，3—4 拍移重心成左弓步，手臂成左上斜线，5—6 拍跳成屈膝并步，含胸双手收于胸前，7—8 拍左脚前迈成右弓步，手臂前平举。（见图 4-44）

1—2　　3—4　　5—6　　7—8

图 4-44

[3]1—2 拍成右臂高冲拳，3—4 拍抬头一次，5 拍成左斜下冲拳，6 拍由左下方摆至左上方成左侧上冲拳，7—8 拍同 5—6 拍，方向相反。（见图 4-45）

1—2　　3—4　　5　　6　　7　　8

图 4-45

[4]1—6 左、右脚依次踏步，双臂垂直于大腿前方，7—8 并步，双手抱于胸前，成加油手位。

知识窗

二、花球舞蹈啦啦操规定动作第 4 节介绍及学练方法

第 4 节动作是整套动作的重/难点，也是整套动作的灵魂。在学习之前，教授者可先介绍本节的风格，然后适当讲解、示范典型的动作，让学员在概念上有较清晰的认识，最后按照复杂动作的教学方法，循序渐进的进行教学。学员基本掌握动作后分组练习，给学员自主消化的时间和自主学习的空间。集体的练习或分组的展示可用于动作的强化。

[1]1 拍右腿经地面向前踹，两臂由体侧摆至腹前，哒拍两臂屈肘收于胸前，2 拍屈膝收

腿成马步，两臂前冲，3—5 拍保持马步跳 3 次。3 拍屈肘成短 T，4 拍右臂斜上冲拳，5 拍左臂斜上冲拳。6—8 两腿分立半蹲，左脚跟提起。6 拍双臂侧下举，身体右转前俯，7—8 向前振胸 2 次，上体抬起。（见图 4-46）

1 哒 2 3 4

5 6 7 8

图 4-46

[2]1 拍分腿半蹲，左脚尖点地，右手扶臀，左臂侧平举，2 拍下肢动作相同，方向相反，左手扶臀，3 拍同 1 拍，双臂斜下举，4 拍两腿分立，右脚屈膝提踵，双臂交叉于胸前。5—6 身体左转前俯身，右脚提起，双臂分开于身体两侧。7—8 分腿开立，手臂由前举平移于胸前。（见图 4-47）

1 2 3 4

5—6 7 8

图 4-47

[3]1—7 双脚开立。1 右臂下伸，左臂屈肘于胸前，哒左臂下伸，2 双臂成加油手位。3—4 同 1—2，方向相反。5—7 双臂上举，左、上、右依次绕环。8 并脚，双臂成上 A 手位。（见图 4-48）

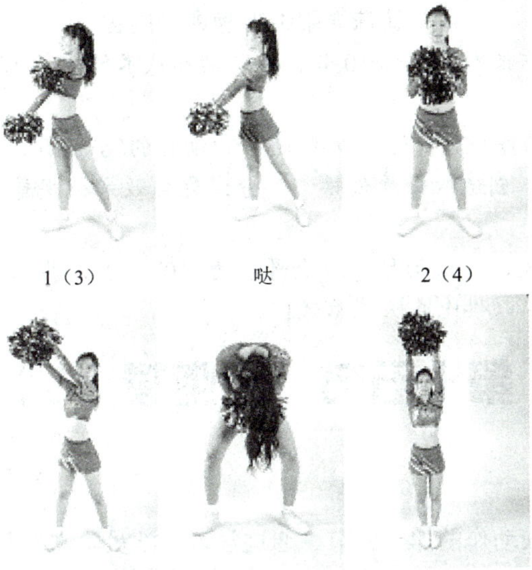

5（6） 7 8

图 4-48

[4]1—4 左、右脚依次向前走锁步，1、3、4 右手屈肘扶右胯，左手屈肘外摆于体侧，2、哒拍动作相同，方向相反。5—7 右、左脚依次上步，手臂成下 M，8 拍并步，屈肘于胸前。（见图 4-49）

1、3、4 哒、2 5—7

图 4-49

三、花球舞蹈啦啦操规定动作第 1～2 节及第 4 节的复习

（1）逐节进行复习，出现问题及时纠正并反复练习（徒手）。
（2）喊口令将 1～2 节连起来练习 2 遍（徒手）。
（3）在音乐的伴奏下将 1～2 节连起来练习 2 遍（徒手）。
（4）在音乐的伴奏下分组练习（手持花球）。
（5）分组表演与展示（手持花球）。

第 4 节的复习方法同第 1～2 节，需要强调的是，在进行第 4 节的复习前让学员多听几遍音乐，自己揣摩动作的要领及风格。

拓展阅读

花球舞蹈啦啦操评分内容

（1）技术（花球动作技术的执行 10 分、舞蹈动作技术的执行 10 分、技术技巧动作的执行 10 分）；

（2）团体协作性（动作与音乐的同步性 10 分、动作的统一 10 分、空间的一致性 10 分）；

（3）编排（音乐性、创造性、原创性 10 分；舞台效果、视觉效果 10 分；难度等级 10 分）；

（4）总体印象（交流、公众形象、群众号召力 10 分），共 100 分。在对每项进行评分后，最后还要写上评语，以供比赛队伍参考！

第十五节　啦啦操（3）

知识领航

本节重点学习啦啦操动作的 4～5 节。通过学习，学员除掌握基本动作外，还可以学习啦啦操队形创编中层次的编排。进行层次的编排时，要求学员遵守规则、相互配合。这既提高了学员之间的交流与合作，也增加了学习和练习的乐趣。

一、花球舞蹈啦啦操规定动作第 3、5 节介绍及学练方法

本节将要学习的第 3、5 节动作比较简单，学员可以直接进行上、下肢配合的练习，节奏放慢即可。第 3 节的难点在于第一个八拍的 6、7、8 拍与第二个八拍第 1 拍的连接。每拍均有身体方向的变化，在学习时，教授者重点强调每一拍身体的面向及正确动作。第 5 节动作简单，但是对动作的控制及力度要求却是最高的。练习时，不要着急掌握整节动作，应一拍一动练习发力及动作的控制。在进行大踢动作的教学前，先做一些拉伸练习，提高身体的柔软性，避免运动损伤。

（一）第 3 节

[1]1—2 拍双脚大分腿站立，双臂成上 A，3—4 拍屈膝俯身，双手向下成 H，5 拍身体右转后靠，重心在左脚，左脚跟提起，双臂平行，向右上方斜冲拳，6 拍重心移至中间，双手扶右膝，7 拍并步直立，8 拍右脚在前成锁步，屈臂收于腰间。（见图 4-50）

1—2　3—4　5　6　7　8

图 4-50

[2]1 拍右脚支撑，左腿向侧摆腿，双臂上举成 H，1 点，2 拍左腿前锁步，双臂经体侧由上向下压，2 点，3—7 拍身体右转前俯身，重心在左脚，左脚跟提起，手扶右膝，散点，8 拍双腿并立，还原。（见图 4-51）

1　　2　　3—7　　8

图 4-51

[3]1—3 拍分腿站立，双臂分别于右前、正前、左前三个方向各敲击一次，4 拍身体左转前俯身，手扶膝，5—7 拍同 4 拍，8 拍并步直立，还原。（见图 4-52）

1（2、3）　　4—7　　8

图 4-52

[4]1—6 拍左、右脚依次踏步，1—4 拍双臂屈肘于胸前，5—6 拍屈肘成端 T，7—8 拍双腿并立，还原。

（二）第 5 节

[1]1—2 拍侧下举，3—4 拍屈肘于胸前。5—8 拍同 1—4 拍。1—8 拍腿直立。

[2]1 拍左臂上举，右臂下垂，2—7 拍左臂带动右臂做风火轮，双腿屈膝并腿弹动，一拍一动，8 拍站立，手臂胸前平屈折叠。

[3]1—6 拍左、右脚依次踏步向左转体 360 度，双臂垂于大腿前方。7—8 拍并腿站立，手臂成侧平举。

[4]1 拍左侧膝腿跳，3 拍左侧踢腿跳，5 拍右踢腿跳，7 拍左踢腿跳。2、4、6、8 拍分别并腿跳一次。1—8 拍手臂保持侧平举。

> **知识窗**
>
> 啦啦操要求“短、平、快”，可以很好地锻炼到小肌肉群。如果你经常参加有氧运动却效果不明显，那就试试啦啦操吧，或许能带给你不一样的效果。记住，健身塑型的王道=有氧运动+力量练习！

二、花球舞蹈啦啦操规定动作第 3、5 节层次教学及示例

（一）层次

舞蹈啦啦操的魅力除了富有特性和风格的舞蹈动作外，队形和层次的变化也是一个重要方面。所谓层次，是指在做动作时，学员分组依次（先后）完成某节动作，形成视觉上的冲击。

（二）层次教学示例（第 3 节动作）

将学员分成 3 组，分别站在三角形的 3 个角，每组 6～8 人（站成 2 横排），如下：

第 2 组　　　　　　　第 3 组

第 1 组

第 1 组按正常节奏来做，第 2 组比第 1 组晚 2 拍做，第 3 组比第 2 组晚 2 拍做，第 2 组和第 3 组均以第 2 节第四个八拍结束的动作等待。开始做第 4 节时，所有学员按正常节奏来做。

学员掌握熟练后，可以跟着音乐的节奏练习，从而提高学员对音乐的感受力。

（三）层次编排的拓展

层次的编排不仅仅局限于第 3 和 5 节。在第 1 节第 1 个八拍的 5、6 拍中也可以编排层次。一部分学员做高 V，另一部分学员做低 V，哪些人做，要结合队形来确定，以形成强烈的对比感，明确的层次感。再比如，第 2 节第 2 个八拍的 5、6、7、8 拍，一部分学员 5、6 拍做动作，另一部分学员 7、8 拍做动作，即将 2 拍一动的动作变成 1 拍一动，既提高了动作的难度，又形成了层次。

三、花球舞蹈啦啦操规定动作第 1～5 节的复习

复习方法同花球舞蹈啦啦操规定动作第 1～2 节及第 4 节的复习，唯一不同的是，在学员熟练掌握各节动作后再进行层次的学习及复习，层次只是对动作的锦上添花，所以织锦是最重要的，添花是为了让锦更富美感！

拓展阅读

第 5 节动作层次示例

将学员分成 3 组，每组站成一竖排，如下：

第 1 排	第 2 排	第 3 排

第 1 排和第 3 排动作相同。第 1 个八拍：1—2 拍双臂侧平举，3—4 拍收回成加油手位，5—8 拍同 1—4 拍。第 2 个八拍：动作不变。第 3 个八拍：动作不变，变队形。第 4 个八拍，学员变成若干横排进行大踢。

第 2 排动作。第 1 个八拍：1、3、5 同学的 1—2 拍左臂斜上举，右臂斜下举，3—4 拍收回成加油手位，5—8 拍动作同 1—4 拍，方向相反，2、4、6 的同学 1—2 拍右臂斜上举，左臂斜下举，3—4 拍收回成加油手位，5—8 拍动作同 1—4 拍，方向相反。第 2、3、4 个八拍动作同第 1、3 排的动作。

第十六节 啦啦操（4）

知识领航

本节重点学习第 6 节动作及复习成套动作。同时，通过第 1 节和第 2 节队形的创编使学员对创编有更深刻的认识。在日常锻炼中，练习完 3～5 套简单的有氧健身操后，再进行此套操的练习可以大幅度提高练习效果，尤其是可以美化腿部及小臂肌肉线条。

一、花球舞蹈啦啦操规定动作第 6 节动作说明及学练要求

本节是整套操的最后一节，也是唯一有配合动作的。在所有的舞蹈类啦啦操中，双人甚至多人的配合是必不可少的。本节的配合是交换花球。需要注意的是，后面的同学从下面推送花球时要控制力度，太小了，前面的同学够不到，太大了，前面的同学需移动才拿得到花球。教学时，学员 2 人一组，前、后站立，徒手练习，待动作熟练后，再手持花球练习，体会用力的大小及传接花球的时机。

[1]1—2 拍双手扶髋，3—4 拍向前抛花球（两臂前平举），5—6 拍接花球（向后递花球），7—8 拍上举花球（俯身捡花球），1—8 拍均为分腿站立。（见图 4-53）

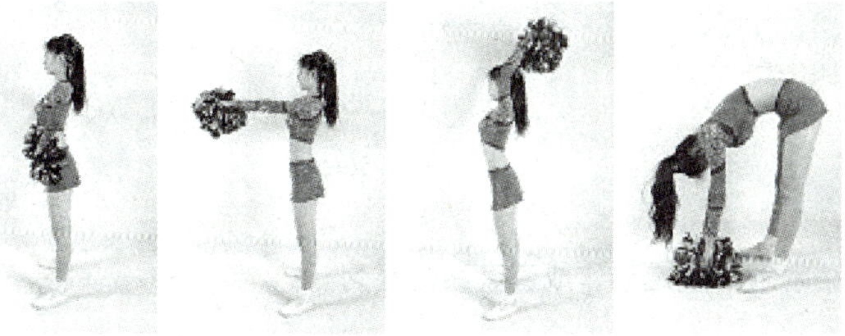

图 4-53

[2]1—4 拍左、右脚依次上步，右臂斜冲拳，5 拍左脚向左形成开立，双腿屈膝，右脚点地，6—8 拍髋部依次左右摆动。5—8 拍左手叉腰，右手随胯依次左右摆动。（见图 4-54）

1—4　　5、7　　6、8

图 4-54

[3]1—4 拍左脚迈出十字步，双臂依次向左斜下、右斜下、左斜上、右斜上推动，5—6 拍左侧身并步走，5 拍侧平举，哒屈肘外绕环，6 拍侧平举，7 拍迈右脚右后转体 180 度，双臂垂于体侧，8 拍左脚在前成弓步，手臂成上 X 手位。（见图 4-55）

1（3）　2（4）　5—6　7　8

图 4-55

[4]1—2 拍右脚侧并步，1 拍双臂上举成高 V，哒屈臂于胸前，2 拍双臂下举成倒 V，3—6 拍向左后方迈步转体 180 度，双臂垂于大腿前方，7 拍并步团身半蹲，双手握花球于胸前，8 拍并步提踵，双臂上举。（见图 4-56）

1　2　3　4—6　7　8

图 4-56

二、花球舞蹈啦啦操规定动作成套套路的复习

复习方法同花球舞蹈啦啦操规定动作第 1～2 节及第 4 节的复习。在进行成套复习时，要注意动作与音乐节拍的配合、动作风格的演绎、个人及团队表现力的展示。

三、花球舞蹈啦啦操规定动作队形的创编

（一）队形创编的基础知识

（1）队形变化的方法：分裂法——由一变多；合并法——由多变一；交叉移位法——有穿插；高低起伏法——有上下。

（2）队形设计的原则：就近（移动距离适中）、立刻（移动速度快）、方便（移动步法简单）、平稳（队形过渡流畅）、对比（相连的队形收、放合理，形成鲜明对比）。

知识窗

队形创编的技巧

好的队形指变化多样且流畅，给人以行云流水般的感觉。流畅是好队形的一个重要方面。另外，队形的收、放会给人们形成强烈的视觉对比，所以对比队形也是好队形的一个重要方面。熟能生巧，平时多看、多思考、多创编，才有可能创编出好队形！

（二）花球舞蹈啦啦操规定动作队形设计（以 16 人为例）

1．示例 1（第 1 节）

开始为紧凑靠后的三角形，内三角 6 人，外三角 10 人。第 1 个八拍的 1—4 拍移动，将三角形向前推并变大，5—8 拍做层次，内三角做高 V，外三角做低 V。第 2 个八拍的 1—4 拍原地做，5—8 拍内、外三角形动作交换。第 3 个八拍的 1—4 拍一动，调整成 4×4 的队形，5—8 拍动作不变。第 4 个八拍的 1—4 拍前、后排同学交换，5—6 拍竖排，1—2 排做 K。7—8 拍竖排，3—4 排做 K，即将 2 拍一动变成 1 拍一动。

×
× ×
× × ×
× × × ×
× × ×× × ×

开始队形

××××××
××××××
××××××
××××××

第 3、4 个八拍的队形。

2．示例 2（第 2 节）

第 1 个八拍移动成如下，为了移动的方便，学员在脚步动作上可以做方向上的改变。

××××××
××××××
　　　××××××
　　　××××××

第 2 个八拍队形不变，在做 5—8 拍的动作时，5—6 拍前两排做动作，7—8 后两排做动作，形成动作层次。

第 3、4 个八拍进行编队形，动作不变，通过脚步的移动来变化队形。

× ×　　　　× ×
 ×　　　　　 ×
× ×　　　　× ×
　　×××
　　×××

拓展阅读

啦啦操简介

近年来，啦啦操运动越来越受到人们的关注，各种类型、不同级别的啦啦操比赛层出不穷。国内不少健身俱乐部也将啦啦操引入其健身课程。相对于健美操，啦啦操简单、易学、动作要求不高，又加入爵士、街舞等舞蹈动作，受到健身爱好者尤其是青年人的喜爱。

参考文献

[1] 张美江. 形体美训练. 上海：上海书店出版社，1998.

[2] 方志军. 现代健美教程. 长春：东北师范大学出版社，2006.

[3] 国家旅游局人事劳动教育司. 形体训练. 1994.

[4] 王宗静. 形体训练组合. 北京：华文出版社，2000.

[5] 李正一，唐满城，黄嘉敏. 中国古典舞身韵. 杭州：浙江美术学院出版社，1992.

[6] 杨鸥. 舞蹈训练学. 上海：上海音乐出版社，2010.

[7] 陈康荣. 舞蹈基础. 上海：复旦大学出版社，2006.

[8] 杨鸥，苏娅. 舞蹈基本功训练教程. 上海：上海音乐出版社，2004.

[9] 孙国荣，余美玉. 大学生舞蹈教学指导. 上海：上海音乐出版社，1998.

[10] 熊家泰. 幼教舞蹈技能素质与能力培训教程. 北京舞蹈学院幼教舞蹈素质与能力培训教程编委会.

[11] 张莹. 全国健美操大众锻炼标准第三套动作图解. 中国健美操协会审定，2009.

[12] 马鸿韬. 现代健美操训练方法. 北京：北京体育大学出版社，2005.

[13] 杨楠. 校园体育：健美操形体训练. 长春：吉林出版集团有限责任公司，2011

[14] 360 图片 http://hao.360.cn.

[15] 百度文库，http://wenku.baidu.com 《中国古典舞介绍》《普拉提》《瑜伽》《肚皮舞》.

[16] 中国古典舞的三个审美特征. 中华舞蹈网，http://www.zhwdw.com.

[17] 舞蹈名家介绍. 中国古典舞吧，http://tieba.baidu.com.

[18] 扇舞丹青中国古典舞作品赏析. 和讯家园，http://q.hexun.com.

[19] 李妍. 健美操把杆形体训练的内容设计. 中国知网，2012.

[20] 季彦霞. 健美操基础训练内容. 中国知网.

反侵权盗版声明

举报电话：（010）88254396；（010）88258888
传　　真：（010）88254397
E-mail：　dbqq@phei.com.cn
通信地址：北京市海淀区万寿路 173 信箱
　　　　　电子工业出版社总编办公室
邮　　编：100036